中国注册会计师行业发展报告2015

中国注册会计师协会 编

中国财经出版传媒集团
中国财政经济出版社

图书在版编目（CIP）数据

中国注册会计师行业发展报告．2015／中国注册会计师协会编．—北京：中国财政经济出版社，2016.12

ISBN 978－7－5095－7181－1

Ⅰ.①中…　Ⅱ.①中…　Ⅲ.①注册会计师业－行业组织－研究资料－中国－2015　Ⅳ.①F233.2

中国版本图书馆 CIP 数据核字（2016）第 308907 号

责任编辑：段　钢　　　　责任校对：张　凡

封面设计：孙俪铭　　　　责任印制：杨　军

中国财政经济出版社出版

URL：http：//www.cfeph.cn

E－mail：cfeph @ cfeph.cn

社址：北京市海淀区阜成路甲 28 号　邮政编码：100142

营销中心电话：88190406　北京财经书店电话：64033436　84041336

北京密兴印刷有限公司印刷　各地新华书店经销

787×1092 毫米　16 开　19.75 印张　140 000 字

2016 年 12 月第 1 版　2016 年 12 月北京第 1 次印刷

定价：62.00 元

ISBN 978－7－5095－7181－1/F·5757

（图书出现印装问题，本社负责调换）

本社质量投诉电话：010－88190744

打击盗版举报热线：010－88190492，QQ：634579818

前　言

2015年，注册会计师行业以习近平总书记系列重要讲话精神以及注册会计师行业要“紧紧抓住服务国家建设这个主题和诚信建设这条主线”的重要批示为指导，积极应对经济金融形势给行业带来的一系列重大挑战，扎实开展行业“国际化建设年”主题活动，深入实施行业发展五大战略，在行业发展的规模、结构和效益等方面进一步优化提高，继续保持较快发展的势头。

为全面反映注册会计师行业发展形势、重大成果和重要信息，中国注册会计师行业于2014年首次公布行业发展报告。《中国注册会计师行业发展报告2015》为第二份报告。本报告包括2015年度行业发展总报告、12个分报告以及3个附录。其中，分报告涉及：会计师事务所、注册会计师、行业业务收入、行业人才培养、注册会计师考试、上市公司审计、行业监管、行业党建、行业统战团建、行业信息化建设等领域。2015年是国家“十二五”规划的收官之年，为反映过去5年行业发展趋势特征，本报告有针对性地选取了相关数据指标进行跨年度分析。

《中国注册会计师行业发展报告2015》的编写工作得到财政部党组成员、部长助理、中国注册会计师行业党委书记赵鸣骥同志和中国注册会计师协会会长冯淑萍同志的热情指导。中国注册会计师协会副会长兼秘书长、中国注册会计师行业党委常务副书记陈毓圭主持编写工作；杨志国、梁立群、杨晨辉等同志对书稿相关篇目进行了审阅；蔡晓峰、常志安、鲁冰同志负责全书的统稿工作；易琮、白晓红、殷德全、曾铁兵、冯毅、赵晓玲、倪鹏翔、姚冬萍、孙国红、万俊杰、齐飞、蔡宗强、杜晓锋、丛涛、张素青、宋祉健、李超、李丽、刘栩、张馨艺、杨启明、高魁、支建永、王廷梁、邵楠等同志参与了本书的编写工作（详见篇末注）；中央财经大学吴溪、王俊、朱梅、王雪琴、葛秋辰等同志对书稿提出了修改意见。对报告中的不完善之处，敬希读者批评指正。

编　者

2016年11月

目　录

2015 年中国注册会计师行业发展总报告 /1

分报告一　2015 年会计师事务所发展报告 /24

分报告二　2015 年注册会计师发展报告 /44

分报告三　2015 年注册会计师行业业务收入分析报告 /62

分报告四　2015 年注册会计师行业人才培养工作报告 /108

分报告五　2015 年注册会计师全国统一考试分析报告 /130

分报告六　2015 年上市公司审计情况分析报告(一) /140

分报告七　2015 年上市公司审计情况分析报告(二) /160

分报告八　2015 年上市公司审计情况分析报告(三) /179

分报告九　2015 年注册会计师行业监管工作报告 /203

分报告十　2015 年注册会计师行业党建发展报告 /225

分报告十一　2015 年注册会计师行业统战团建发展报告 /247

分报告十二　2015 年注册会计师行业信息化建设工作报告 /267
附录一　注册会计师行业重要法规制度体系目录（2012—2015 年） /279
附录二　2015 年会计师事务所综合评价前百家信息 /286
附录三　注册会计师行业大事记（2014—2015 年） /302

2015年中国注册会计师行业发展总报告

2015年是“十二五”规划的收官之年，是我国经济发展步入新常态阶段极为重要的一年。“十二五”期间，改革开放各项事业持续推进，国家经济实力、科技实力、国防实力、国际影响力又上了一个大台阶，我国发展仍处于可以大有作为的重要战略机遇期。随着人口红利衰减、“中等收入陷阱”风险累积、国际经济格局深刻调整等一系列内因与外因的作用，经济下行压力加大，发展中深层次矛盾凸显，经济发展步入“三期叠加”的新常态。面对极为复杂严峻的国际国内形势，以习近平总书记为核心的党中央总揽全局，统筹推进“五位一体”总体布局，协调推进“四个全面”战略布局，倡导树立五大发展理念，加快形成引领经济发展新常态的体制机制和发展方式，全面推进加快构建开放型经济新体制、实施供给侧结构性改革等各项措施，国家改革发展工作取得新突破新成效。这当中，包括注册会计师行业在内的现代服务业认识新常态，适应新常态，引领新常态，在经济转型升级和创新驱动中积极发挥专业服务业的支持作用。

2015 年也是注册会计师行业深化改革加快发展的重要一年。注册会计师行业在各级财政部门党组的正确领导下，以习近平总书记系列重要讲话精神以及注册会计师行业要“紧紧抓住服务国家建设这个主题和诚信建设这条主线”的重要批示为指导，积极应对世界经济走势低迷、国际金融市场震荡加剧、国内经济下行压力加大、市场竞争加剧等对行业带来的一系列重大挑战，扎实开展行业“国际化建设年”主题活动，深入实施行业发展五大战略，行业在促进转变经济发展方式、完善现代市场体系、转变政府职能、深化财税体制改革和实现社会管理创新等方面的职能作用进一步发挥，行业治理能力和水平进一步提高，行业服务国家建设的领域和能力进一步拓展提升，行业发展的规模、结构和效益进一步优化提高。

一、扎实开展行业“国际化建设年”主题活动，行业国际化水平明显提升

至2015年，全行业有7位行业代表在国际会计职业组织任职，19家会计师事务所（简称事务所）为国际会计网络（联盟）的成员所，70余家事务所有境外分支机构、成员机构或联系机构90余家，11家事务所具有从事香港H股审计业务资格，40余家事务所在美国公众公司会计监督委员会（PCAOB）登记，国际业务收入逾90亿元。同时，一些大型事务所创建自主品牌、自主发展国际网络取得成效，信永中和国际、利安达国际在国际会计网络排名中分列第19位和第22位，天健会计师事务所负责的春立公司H股IPO项目成功在香港上市。在国际会计公报IAB Awards 2015评选中，信永中和国际获得“国际会计网络新星”奖，这是中国会计师事务所发起创立的国际会计网络首次获此殊荣。瑞华、立信、致同、天职国际等事务所的代表跻身相关国际会计网络的高层决策机构，参与国际会计公司网络的治理和管理。

为配合国家“一带一路”“互联互通”战略实施，满足中国企业“走出去”对会计专业服务的需求，行业不断扩大对外交流与合作，积极推动事务所“走出去”，深入参与国际会计行业事务的重大决策和执业标准的制订。围绕国际化建设主题，重点推动行业按照国际标准提升执业水平，开展执业准则对标提升等工作，事务所对照准则全面开展自查自纠，解决准则执行中存在的具体问题。加强行业国际事务人才建设，发挥国际审计准则研究组、职业道德问题研究组、会计问题研究组的咨询作用，加大对国际组织任职代表履职的支持力度，建立国际组织任职代表人才库，完善任职代表工作支持措施，实现任职代表对国际会计职业组织运行规则的执行力和任职能力的提升，提高国际规则制定话语权。全年就国际会计师联合会及其专业委员会、公共政策与监管咨询小组的相关征求意见稿研提反馈意见 10 余次。推进审计准则和职业道德守则的动态国际趋同，推进审计报告模式改革，优化审计报告的格式、要素和内容，完成了审计报告、关键审计事项、持续经营等

7项审计准则征求意见稿的起草工作。加强对事务所国际化人才的培养，为“走出去”事务所提供国际化人才“定制”培训，提高事务所的国际业务水平和管理水平。参与会计服务市场开放相关工作，积极参与WTO专业服务贸易、中欧投资协定、中美投资协定以及中日韩等多双边谈判的研究工作，参与会计服务市场开放政策形成。

二、人才队伍建设取得新进展，专业化和职业化水平进一步提交

人才队伍规模实现突破。截至2015年12月31日，注册会计师达到101 376人，非执业会员达到113 715人，注册会计师和非执业会员首次双破10万人，从业人员超过30万人，为全国420万家以上的企业、行政事业单位提供专业服务，为2 800余家上市公司提供审计鉴证服务。

全国注册会计师总数比2014年年末净增2 331人。其中，新批注册会计师6 272人，撤销和注销注册

会计师 3 941 人。在地区分布上，北京、广东和四川的注册会计师人数排在全国前三位，分别为 12 762 人、9 028人和 6 356 人（见表 1）。

表 1　2015 年全国注册会计师数量变化情况

地区	注册会计师人数（人）		占全国比例	
	2015 年	2014 年	2015 年	2014 年
全国	101 376	99 045	—	—
北京	12 762	12 826	12.73%	12.95%
广东	9 028	8 820	8.9%	8.9%
四川	6 356	6 202	6.27%	6.26%

按照资格取得方式划分，通过考试取得注册会计师资格的占 78.49%，通过考核取得注册会计师资格的占 21.51%；按照年龄结构划分，41～50 岁的最多，共有 39 666人，占注册会计师总数的 39.13%，31～40 岁的注册会计师共 22 614 人，占 22.31%，比往年有所减少，31～50 岁的中青年注册会计师仍是注册会计师队伍的骨干力量；按照学历结构划分，本科及以上学历注册会计师占比为 50.60%，呈稳步上升趋势。

考试报名人数和报名科次创历史新高。我国注册会计师考试自1991年起举办，累计400多万人报名参加，20.5万人取得全科合格证书。2015年度注册会计师全国统一考试有79.6万人报名，共计207万余科次，创历史新高。其中，专业阶段考试约有77.7万人报名，比2014年增长17万人，累计报考科次达到203万科次，比2014年增长41万科次；综合阶段考试共有1.94万人报名。从考试成绩来看，有15万余人取得单科合格成绩，有17 578人累计通过专业阶段6科考试；11 570人通过综合阶段考试，获得全科合格证书，合格率为79.21%。总体来看，2015年考试报名人数、报考科次与2014年相比显著增加（见表2）。

表2　2014—2015年注册会计师考试报名及出考情况

项目＼年度	2015		2014	
	专业阶段	综合阶段	专业阶段	综合阶段
报名人数	77.7万人 203万科次	1.94万人	60.7万人 162万科次	2.55万人

（续表）

年度 项目	2015		2014	
	专业阶段	综合阶段	专业阶段	综合阶段
出考人数	32.4 万人 66 万科次	1.46 万人	29.5 万人 60 万科次	1.94 万人
出考率	32.38%	75.2%	38%	77%

行业继续教育规模质量有所提升。2015 年，行业继续教育在保证培训规模稳定的基础上，进一步针对不同分层次人才、不同技能难度开展培训。全年共举办各类培训班 568 期，应培训注册会计师 101 107 人次，实际培训 113 922 人次，培训完成率 112.67%，有 17 个省（自治区、直辖市）实际培训完成率超过 100%。其中，以政府购买服务、质量控制体系及运行等为主题，举办 7 期中注协远程教育培训班，培训总数为 22 889 人次，占培训总人次数的 20.09%；参加国家会计学院培训总数为 11 703 人次，占培训总人次数的 10.27%；地方注协举办培训班培训 47 369 人次，占培训总人次数的 41.58%；具有内部培训资格的 190 家事务所内部培

训18 006人次，占培训总人次数的15.81%；网络培训、产出法培训等其他形式培训13 955人次，占培训总人次数的12.25%。

领军人才和后备人才队伍规模继续扩大。2015年，选拔首批管理会计咨询方向行业领军（后备）人才36人，有24名领军班学员经过6年持续培养，当年毕业；2005年至今，注册会计师行业领军人才总数达到356人，完成培养任务并经考核毕业162人。2015年，培训注册会计师专业方向核心师资44名，选送64名注册会计师专业方向学生赴国际会计公司境外机构实习。2005年以来，累计选拔10批计841名注册会计师专业方向优秀学生赴境外实习，举办11期核心课程师资培训班，培训师资320余人次。

三、事务所做强做大效应日益显现，收入结构进一步优化

事务所数量稳中有升，发展总体平稳。截至2015年12月31日，全国共有事务所8 374家，其中

总所 7 373 家，分所 1 001 家。按照组织形式划分，有限责任事务所 4 685 家，占全国总数的 55.95%，比 2014 年减少 1.75%；普通合伙事务所共有 3 132 家，占全国总数的 37.40%，比 2014 年增加 0.91%；特殊普通合伙事务所共有 557 家，占全国总数的 6.65%，比 2014 年增加0.84%（见图 1）。

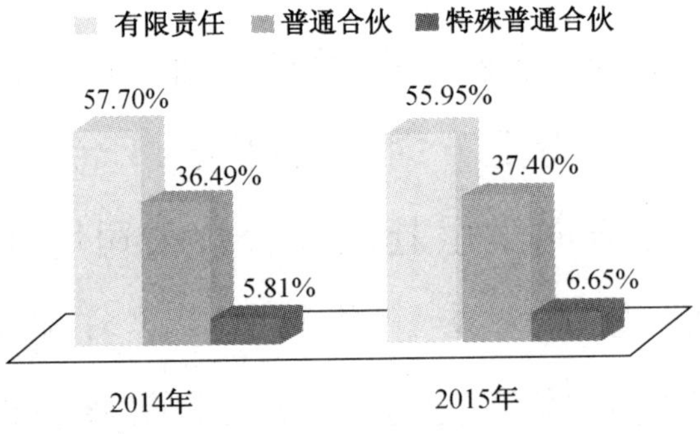

图 1　2015 年全国会计师事务所组织形式变化情况

在地区分布上，广东、北京和山东的事务所数量排在全国前三位。其中，广东的事务所共有 816 家（其中深圳 268 家），占全国总数的 9.74%，位列第一；其次是北京和山东，分别为 636 家和 599 家（见表 3）。

表3　2015年全国会计师事务所数量变化情况

地区	事务所总量(家)		占全国比例	
	2015年	2014年	2015年	2014年
全国	8 374	8 295	—	—
广东	816	818	9.74%	9.86%
北京	636	621	7.59%	7.49%
山东	599	592	7.15%	7.14%

业务收入增长率提高,收入结构进一步优化。2015年,全行业实现业务总收入689.71亿元,同比增收86.14亿元,增长14.27%,增幅较上年同期增加7.1个百分点。其中,全行业创造国际业务收入90.78亿元,同比增收14.38亿元,增长18.82%。

在地区分布上,北京、上海、广东分别以160.95亿元、103.08亿元和68.99亿元位列全国前三。全行业实现鉴证业务收入479.95亿元,同比增长14.19%,占总收入的比重为69.59%;非鉴证业务收入209.76亿元,同比增长14.46%,占总收入的比重为30.41%;行业鉴证业务与非鉴证业务收入比例稳定在70∶30。

2015 年行业业务收入增长情况如表 4 所示。2015 年行业业务收入结构变化情况如图 2 所示。

表 4　2015 年行业业务收入增长情况

地区	业务收入(亿元)		增长率
	2015 年	2014 年	
全国	689.71	603.57	14.27%
北京	160.95	131.55	22.35%
上海	103.08	94.36	9.24%
广东	68.99	61.11	12.89%

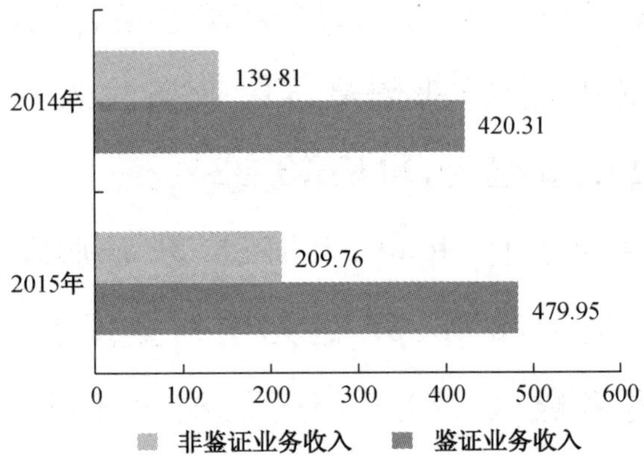

图 2　2015 年行业业务收入结构变化情况(单位:亿元)

2015 年收入超过 1 亿元的事务所达 49 家,其中超过1亿元、低于5亿元的事务所有28家，超过5亿元的事务所有7家，超过10亿元的事务所有8家，超过20亿元的事务所有6家。

四、完善行业信息化顶层设计，深入实施行业信息化战略

持续推进行业信息化战略，持续完善行业管理信息系统，在建成行业法律法规库、行业经济数据库、高清视频会议系统，部署实施大型事务所审计软件的基础上，行业信息化建设取得新的进展。2015年，针对信息技术发展新形势与行业发展新需求，重点开展了行业信息化战略顶层设计完善工作，就云计算、大数据和“互联网+”等现代信息技术对注册会计师行业发展的影响进行研究。成立注册会计师行业信息化专家顾问组，组织开展对行业管理信息系统的评估和对协同办公系统的需求分析，完成《行业管理信息系统评价报告》《协同办公系统需求设计报告》。制定《行业信息化建设下一阶段工作方案》，起草《注册会计师行业信息化建设规划

(2016—2020年)》。

推进事务所信息化建设,成立大型会计师事务所审计软件实施委员会、中小型会计师事务所审计软件提升委员会,分别承担大型事务所审计软件功能完善与实施应用、中小型事务所审计软件指导和推荐等工作。开通法律法规库微信公众号,新增财务数据、价值分析、市场表现等个性化数据分析工具,提高了法律法规库和经济数据库的应用水平和实施效果。开展2015年事务所信息化建设奖励,提高事务所开展信息化建设的积极性和能动性。

五、行业监管制度改革不断深化,执业质量和诚信水平持续提升

上市公司审计市场集中度进一步提高。2015年,承接上市公司2014年度财务报表审计业务数量最多的10家事务所共为1 821家公司出具了审计报告,占上市公司总数的68.28%,比2014年增长0.4%,呈逐年上升趋势,上市公司财务报表审计业务日益向大型证券事

务所集中。

上市公司内部控制审计数量及比例有所上升。2015年,40家证券事务所共为上市公司出具内部控制审计报告1 465份,较上年的1 141份增加324份,上市公司出具内部控制审计报告的比例从44.97%增至54.93%,上市公司内部控制审计报告的数量及比例均有所上升。其中,有1 428家的财务报表审计机构和内部控制审计机构为同一家事务所,占97.47%,体现了现行内部控制审计规范所强调的整合审计要求。

监管约谈力度加大。2015年,进一步加大了上市公司年报审计监管约谈,集中开展了15批次对19家证券事务所的监管约谈,涉及上市公司23家,向事务所发出风险提示意见23份。

2015年,全国会计师事务所对沪、深两市2 667家上市公司的2014年度财务报表出具审计报告。其中,标准审计报告2 569份,非标准审计报告98份。其中,带强调事项段的无保留意见审计报告71份,保留意见审计报告18份,无法表示意见审计报告9份。非标准审计报告在全部审计报告中的比重为3.67%，与2013年度的3.43%相比略有上升。

2015年事务所在对上市公司的2014年度财务报表审计过程中，利润总额审计调整累计371亿元，占审计前利润总额的1.1%；应交税费审计调整累计178亿元，占审计前应交税费的2.54%；资产总额审计调整累计2 937亿元，占审计前资产总额的0.2%。2015年上市公司财务报表审计调整情况如表5所示。

表5　2015年上市公司财务报表审计调整情况

年度	上市公司数量（家）	利润总额审计调整		应交税费审计调整		资产总额审计调整	
		金额（亿元）	比例	金额（亿元）	比例	金额（亿元）	比例
2015	2 667	371	1.1%	178	2.54%	2 937	0.2%
2014	2 537	354	1.13%	234	3.85%	3 791	0.28%

事务所受惩戒比例降低。2015年，全国各级注协共组织925名检查人员，对1 389家事务所进行执业质量检查，对检查发现严重问题的83家事务所和195名注册会计师实施了行业惩戒。事务所受到行业惩戒的

绝对数量和相对比例较2014年有所降低。2015年全国注协检查及惩戒事务所情况如表6所示。

表6　2015年全国注协检查及惩戒事务所情况

年度	检查事务所数(家)	惩戒事务所数(家)	惩戒比例
2015	1 389	83	5.98%
2014	1 446	104	7.19%

注册会计师任职资格检查更加严格。2015年,全国应参加年检注册会计师98 412人,通过年检94 868人,因未参加年检、未完成继续教育、未交纳会费等原因暂缓通过年检1 922人,受到行政或刑事处罚、未在事务所专职执业等原因不予通过年检1 622人。2015年注册会计师任职资格检查未通过率为1.65%,比2014年降低2.55%。2015年注册会计师任职资格检查情况如表7所示。

表7　2015年注册会计师任职资格检查情况

年度	应参加年检人数	通过年检人数	暂缓通过年检人数	未通过年检人数	未通过率
2015	98 412	94 868	1 922	1 622	1.65%
2014	98 007	91 937	1 951	4 119	4.2%

六、加强行业党建，持续保持党组织和群工组织以及党建工作全覆盖

保持党组织和党建工作全覆盖。截至 2015 年 12 月 31 日，全国有事务所党组织 3 444 个，党员 39 184 人。2015 年会计师事务所党组织和党员增加情况如表 8 所示。

表 8　2015 年会计师事务所党组织和党员增加情况

年度	会计师事务所党组织		会计师事务所党员		新增党员
	数量(个)	增长率	人数(人)	增长率	人数(人)
2015	3 444	0.94%	39 184	2.0%	787
2014	3 412	1.52%	38 397	1.79%	768

组织全行业学习贯彻习近平总书记系列重要讲话精神和党的十八届三中、四中、五中全会精神，认真贯彻落实中央关于全面从严治党要求，举办吴波同志事迹报告会，各级行业党组织书记带头讲“三严三实”党课，抓好思想建党工作。开展会计师事务所支部工作法评选和推介活动，开展 2012—2014 年度行业先进党组织和

优秀个人表彰活动，完善行业党建激励机制，推动形成向先优看齐的氛围。各级行业党组织举办党员培训班32期，对4 000余名党员进行了培训。

行业代表参政议政作用增强。截至2015年12月31日，行业共计835人次担任各级人大代表、政协委员和党代表，其中，担任省级以上的人大代表、政协委员和党代表共计88人次。在第十二届全国人大、全国政协中，行业有人大代表1名、政协委员5名，实现行业在全国人大代表上的零突破。2015年行业代表参政议政情况如表9所示。

表9　2015年行业代表参政议政情况

年度	全国各级代表委员	省级以上代表委员	全国人大代表和政协委员
2015	835	88	6
2014	814	84	6

开展行业统战工作专题调研，服务行业代表人士。组织全行业学习中央统战工作会议精神和落实《中国共产党统战工作条例（试行）》工作。利用提案议案建议交

流平台，为行业代表人士参政议政提供支持。完善行业代表人士数据库，推进行业代表人士参政议政、担任政府部门专家等工作。按照中共中央统战部要求开展专业人士统战工作专题调研，形成专题报告要求。

团组织覆盖率和团建工作影响力持续扩大。截至2015年12月31日，除西藏自治区外，全国各省（自治区、直辖市）均已成立行业团组织，1 380家事务所成立了团组织，行业团员总数35 627人。2015年会计师事务所团组织和团员增加情况如表10所示。

表10　2015年会计师事务所团组织和团员增加情况

年度	会计师事务所团组织		会计师事务所团员	
	数量（个）	增长率	人数（人）	增长率
2015	1 380	1.62%	35 627	12.05%
2014	1 358	7.43%	31 797	9.96%

表彰宣传行业先进青年代表，推进行业团组织建设。研究制定行业青年文明号创建标准，组织开展全国青年文明号及行业青年文明号创建工作，加强对青年文

明号创建集体的宣传。完成行业"青年五四奖章""五四红旗团委(团支部)"等评选表彰工作。2015年,6家会计师事务所获得团中央颁发的"全国青年文明号"荣誉称号,1家事务所团支部获得"全国五四红旗团支部"称号,1名团员获得"全国优秀共青团员"称号,2名行业青年代表获得全国"最美青工"称号,37家青年集体荣获行业青年文明号称号。举办了注册会计师行业团务工作者培训班,推进行业团组织干部队伍建设。

七、加强注协服务和管理能力建设,行业社会影响力增强

注协服务和管理能力进一步提升。2015年,各级注协按照"三严三实"专题教育要求,紧紧围绕行业发展和注协建设重点工作,加强作风建设和规范化建设,服务和管理能力得到进一步提升。其中,中注协召开会长会,重点研究"四个全面"战略布局下注册会计师行业面临的形势和任务,加强行业发展战略的"顶层设计";召开第五届理事会第六次和第七次会议,对行业发展规

划、信息化建设规划等事项进行审议，发挥理事会和常务理事会的决策作用；分别召开教育培训委员会、注册管理委员会、惩戒委员会、申诉与维权委员会等会议，发挥专门（专业）委员会的议事和咨询作用；召开两次全国注协秘书长工作会议，深入学习全国财政工作会议、行业党委会议和中注协理事会会议精神，交流各地方注协工作，研究行业和注协当前重大问题；加强注协秘书处建设，扎实开展“三严三实”专题教育，严格落实中央“八项规定”和财政部党组作风建设要求，重点加强协会作风建设和反腐倡廉建设；制定《中注协内部控制操作规程》，防范内部控制风险。

2015 年，中注协被民政部授予“全国先进社会组织”称号；在中央国家机关工委开展的中央国家机关基层服务型党组织建设品牌选树活动中，中注协党委“‘四位一体’服务行业发展”项目获评“十大服务品牌”。

行业社会影响力增强。2015 年，各级注协积极反馈行业诉求，做好人大和政协提案议案的答复工作，重点就加强行业立法、提升国内事务所高端服务能力、解决境外机构在境内发行人民币债券会计审计问题等向全国人大、政协提出政策建议,就证券法修订、税收征管法修订等提出立法建议。行业发展建设成果得到《人民日报》《光明日报》《人民政协报》及人民网等媒体的广泛关注,全国各类媒体报道行业工作400余篇次。中注协网站发布上网信息4 000余篇,中注协官方微信平台关注群体超过14万人。

(执笔:常志安、鲁冰)

分报告一　2015年会计师事务所发展报告

2015年,全国会计师事务所数量稳中有升,发展总体平稳。截至2015年12月31日,全国共有会计师事务所8 374家(含分所,下同)。

一、会计师事务所数量变化情况

2015年,全国会计师事务所比2014年增加总所43家,增加分所36家。批所208家(含分所70家),撤所129家(含分所34家)。截至2015年12月31日,全国共有会计师事务所8 374家,其中总所7 373家,分所1 001家。

从近几年情况看,会计师事务所增加速度有所下降,会计师事务所总量趋于稳定,稳中有升。具体体现在:一方面,每年新批会计师事务所数量逐年减少。比如,2009—2015年,各地新批会计师事务所数量分别为667家、432家、350家、308家、290家、270家和208家,呈逐年下降趋势。另一方面,撤销会计师事务所数量在

2010 年后逐年上升，并在 2013 年后逐渐下降，事务所增加数量逐渐稳定，事务所总数稳中有升（见图 1-1、图 1-2）。

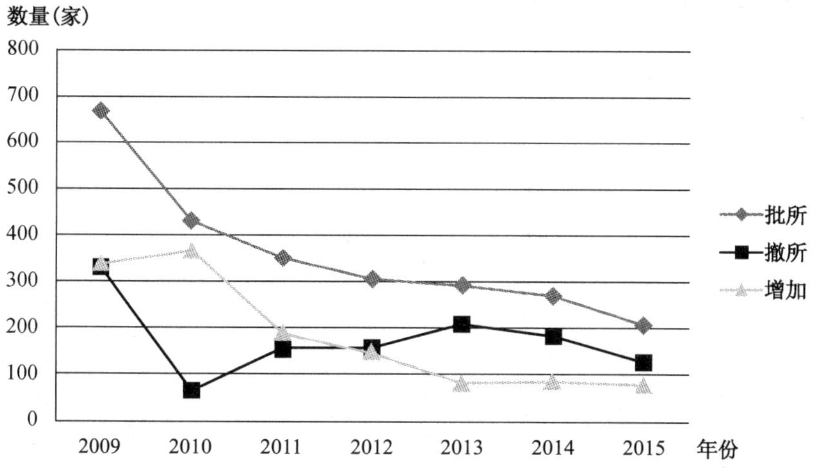

图 1-1　2009—2015 年全国会计师事务所批所、撤所和增加情况

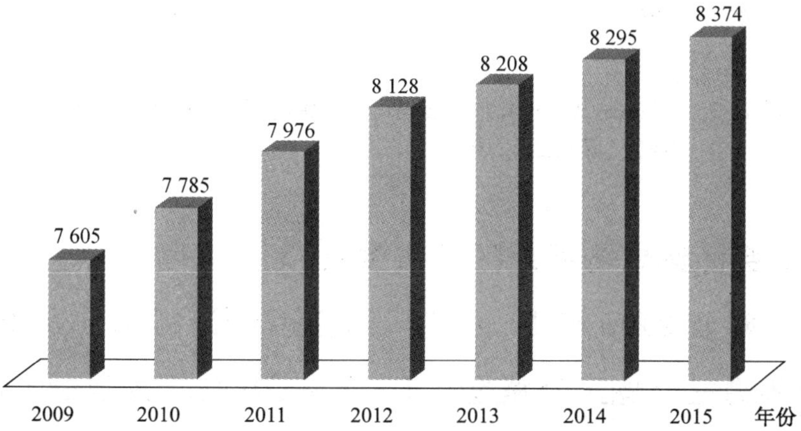

图 1-2　2009—2015 年全国会计师事务所数量变化

从2008年起，会计师事务所每家平均有注册会计师的数量呈现上升趋势，至2010年达到高峰，之后出现了平稳下降，2014年降至11.94%后逐渐上升，总体变化不大（见图1-3）。

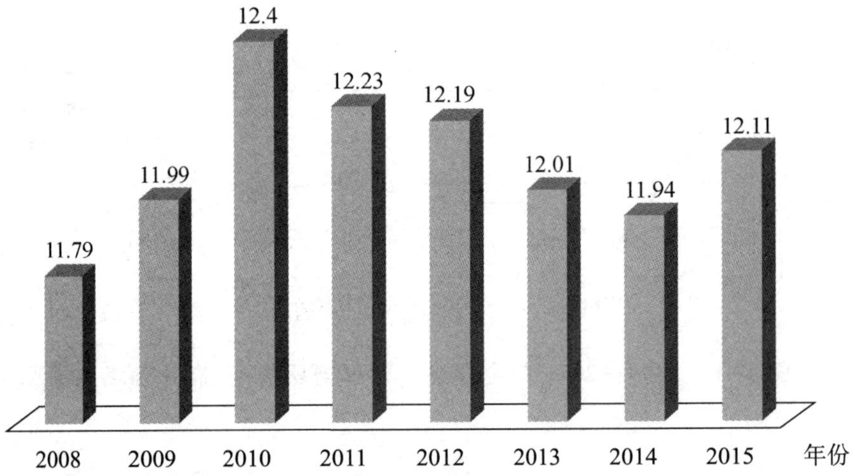

图1-3　2008—2015年会计师事务所每家平均拥有注册会计师情况（单位：人/家）

二、会计师事务所地区分布情况

截至2015年12月31日，全国会计师事务所数量最多的三个地区分别是广东、北京、山东。截至2015年

12 月 31 日，广东省会计师事务所数量最多，共 816 家（其中深圳 268 家），占全国总数的 9.74%；其次是北京和山东，分别为 636 家和 599 家。其他地区的会计师事务所分布情况见图 1-4。

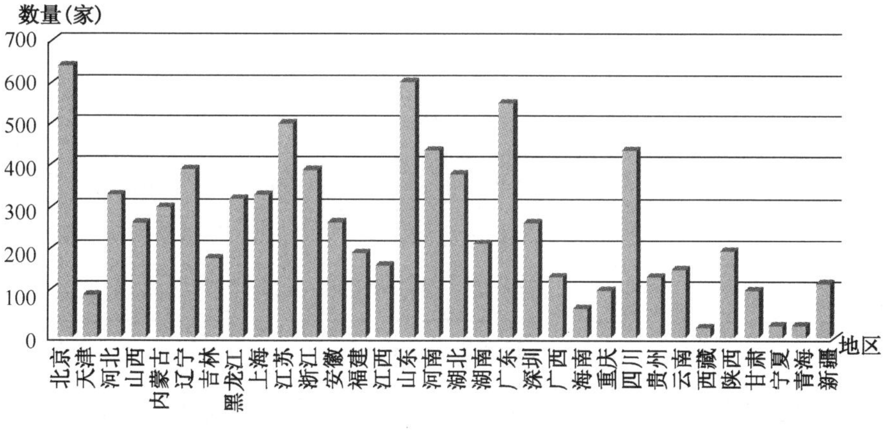

图 1-4　截至 2015 年 12 月 31 日全国会计师事务所分布情况

从 2009—2015 年的统计情况看，全国会计师事务所数量前三名的地区一直是广东、北京和山东。最近两年来，广东的会计师事务所数量基本稳定，北京和山东则不断增加，占比也不断增长（见表 1-1）。

表 1-1　2009—2015 年广东、北京和山东占全国会计师事务所数量比例情况

年　份	广　东	广东占全国比例	北　京	北京占全国比例	山　东	山东占全国比例	全　国
2009	736	9.68%	538	7.07%	521	6.85%	7 605
2010	744	9.56%	557	7.15%	535	6.87%	7 785
2011	783	9.81%	582	7.30%	551	6.91%	7 976
2012	818	10.06%	596	7.33%	566	6.96%	8 128
2013	826	10.06%	606	7.38%	581	7.08%	8 208
2014	818	9.86%	621	7.49%	592	7.14%	8 295
2015	816	9.74%	636	7.59%	599	7.15%	8 374

从会计师事务所的地区分布情况可以看出，会计师事务所的数量与经济发展水平紧密相关。为了便于比较，我们选取各地区国内生产总值（GDP）占全国的比例与各地区会计师事务所数量占全国会计师事务所总量的比例进行线性对比。结果表明，大部分情况下两条趋势线都是重合的，这说明会计师事务所发展与经济发展直接相关。同时，我们也观察到，各地区会计师事务所数量也与各地区人力资源、政治经济资源、教育资源

等因素直接相关。比如，北京的会计师事务所数量占比为 7%，而 GDP 占比仅为 3%，这与北京作为首都，有着全国最为集中的政治经济资源、教育资源、文化科技资源等因素密切相关（见图 1-5）。

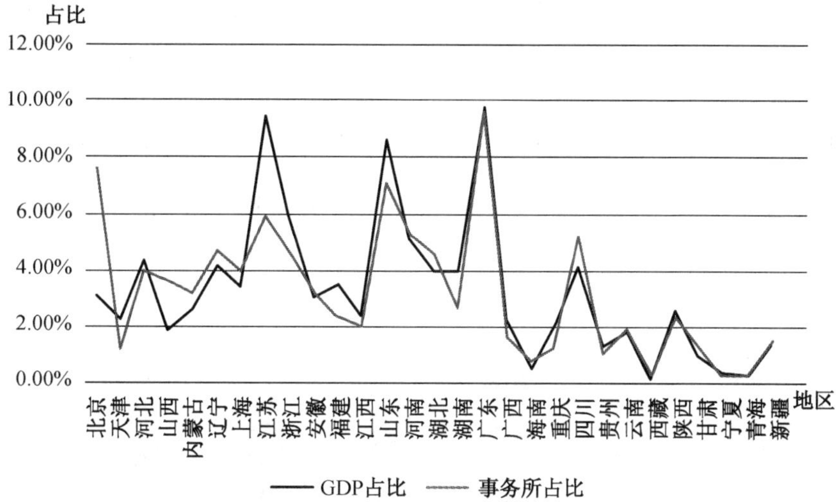

图 1-5　2015 年各地区会计师事务所占全国比例与 GDP 占全国比例比较情况

三、会计师事务所组织形式变化情况

截至 2015 年 12 月 31 日，全国有限责任事务所有 4 685家，占全国总数的 55.95%；普通合伙事务所有3 132

家，占全国总数的 37.40%；特殊普通合伙事务所共有 557 家，占全国总数的 6.65%。随着《财政部、国家工商行政管理总局关于推动大中型会计师事务所采用特殊普通合伙组织形式的暂行规定》的出台，特殊普通合伙会计师事务所数量逐年放量，2010—2015 年特殊普通合伙会计师事务所占比分别增长 0.47%、1.2%、1.04%、2.05% 和0.84%。特殊普通合伙会计师事务所数量则由 2010 年的 82 家发展到 2015 年的 557 家（见图 1-6）。

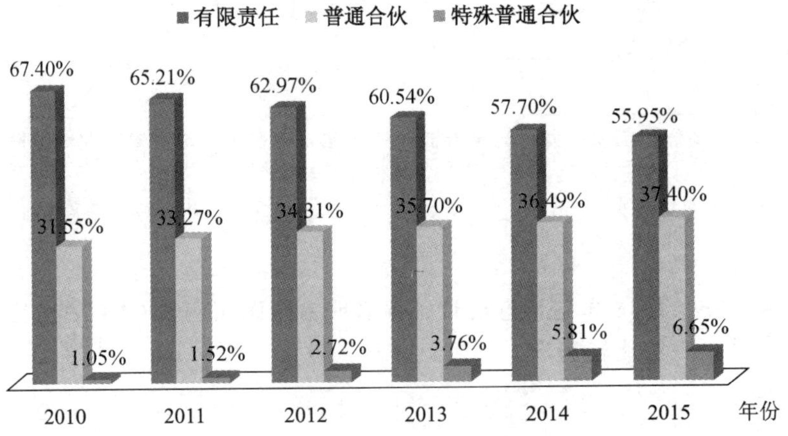

图 1-6　2010—2015 年会计师事务所组织形式变化情况

按照《中华人民共和国注册会计师法》的规定，会计师事务所有两种组织形式：有限责任制和合伙制。其中，合伙制会计师事务所的债务，由合伙人按照出资比例或者协议的约定，以各自的财产承担责任。合伙人对会计师事务所的债务承担连带责任。有限责任制会计师事务所以其全部资产对其债务承担责任。

2006年修订的《中华人民共和国合伙企业法》，对于专业服务机构，在普通合伙的基础上增加有限责任合伙制，即特殊普通合伙制。在特殊普通合伙事务所中，一个合伙人或者数个合伙人在执业活动中因故意或者重大过失造成合伙企业债务的，应当承担无限责任或者无限连带责任，其他合伙人以其在合伙企业中的财产份额为限承担责任。合伙人在执业活动中非因故意或者重大过失造成的合伙企业债务以及合伙企业的其他债务，由全体合伙人承担无限连带责任。合伙人执业活动中因故意或者重大过失造成的合伙企业债务，以合伙企业财产对外承担责任后，该合伙人应当按照合伙协议的约定对给合伙企业造成的损失承担赔偿责任。2010年7月，为了促进会计师事务所做强做大，财政部和国家工商行政管理总局联合印发《财政部、国家工商行政管理总局关于推动大中型会计师事务所采用特殊普通合伙组织形式的暂行规定》，推动大中型会计师事务所转制。2011 年 11 月，中国注册会计师协会（简称“中注协”）印发《会计师事务所特殊普通合伙协议范本》，帮助指导会计师事务所顺利完成转制工作，促进了会计师事务所做强做大。2012 年 5 月，财政部、国家工商行政管理总局、商务部、国家外汇管理局、中国证监会联合印发《中外合作会计师事务所本土化转制方案》，规范中外合作会计师事务所本土化转制工作。2012 年 9 月，财政部、中国证监会等部门印发了《关于证券资格会计师事务所转制为特殊普通合伙会计师事务所的有关业务延续问题的通知》，全面推动具备证券期货相关业务资格的会计师事务所转制为特殊普通合伙形式。这些政策直接推动了特殊普通合伙会计师事务所数量的增加。

四、提升会计师事务所合伙人执业质量

对合伙人（股东）的任职资格进行评估，制定针对事

务所合伙人（股东）执业质量水平的审查制度，可以有效抵制行业少数从业人员投机取巧、急功近利的行为，也有助于规范行业竞争秩序，保障事务所合伙人（股东）的职业道德水平和专业胜任能力，对促进事务所完善内部治理结构，提高执业质量水平，推进注册会计师行业健康有序发展发挥重要作用。

2011年12月22日，中注协发布《关于规范为拟设立会计师事务所合伙人或者股东出具证明工作的指导意见》（以下简称《指导意见》）。《指导意见》的发布实施，是中注协为提高会计师事务所合伙人或者股东的职业道德水平和专业胜任能力，保障行业健康有序发展的具体措施，是行业创先争优制度建设年主题活动的重要成果。《指导意见》规定，由地方注协对拟设事务所合伙人（股东）提交申请材料的真实情况、职业道德水平和专业胜任能力等出具证明。《指导意见》同时要求地方注协将出具证明工作与注册会计师任职资格检查和执业质量检查工作结合起来，对现有合伙人或股东的执业情况定期进行检查，对当年新设立事务所的合伙人或股东的执业情况，全部实地检查。《指导意见》的实施，推动了各地注协发挥行业专业优势、管理优势和信息优势，改善了新设事务所的质量。

2011 年 12 月底《指导意见》印发以来，全国有 31 家省级注协开展新设会计师事务所合伙人（股东）出具证明工作，有 23 家设立了专门出具证明机构，有 29 家省级注协开展了为会计师事务所的新增合伙人（股东）出具证明工作。2015 年，全国共有 1 538 人申请出具合伙人（股东）证明，其中 1 441 人取得合伙人（股东）证明（见表 1-2）。

表 1-2　2013—2014 年六大地区全国合伙人资格评审情况

六大地区			华北	东北	华东	中南	西南	西北	合计
2013年	新设合伙人	申请	123	35	118	145	20	19	460
		通过	105	27	107	124	17	11	391
	新增合伙人	申请	547	262	466	314	113	144	1 846
		通过	520	225	457	277	90	86	1 655
	合计	申请	670	297	584	459	133	163	2 306
		通过	625	252	564	401	107	97	2 046

（续表）

<table>
<tr><th colspan="3">六大地区</th><th>华北</th><th>东北</th><th>华东</th><th>中南</th><th>西南</th><th>西北</th><th>合计</th></tr>
<tr><td rowspan="6">2014年</td><td rowspan="2">新设合伙人</td><td>申请</td><td>106</td><td>34</td><td>79</td><td>61</td><td>58</td><td>19</td><td>357</td></tr>
<tr><td>通过</td><td>101</td><td>25</td><td>66</td><td>49</td><td>56</td><td>10</td><td>307</td></tr>
<tr><td rowspan="2">新增合伙人</td><td>申请</td><td>335</td><td>202</td><td>227</td><td>231</td><td>75</td><td>106</td><td>1 176</td></tr>
<tr><td>通过</td><td>322</td><td>187</td><td>221</td><td>205</td><td>61</td><td>81</td><td>1 077</td></tr>
<tr><td rowspan="2">合计</td><td>申请</td><td>441</td><td>236</td><td>306</td><td>292</td><td>133</td><td>125</td><td>1 533</td></tr>
<tr><td>通过</td><td>423</td><td>212</td><td>287</td><td>254</td><td>117</td><td>91</td><td>1 384</td></tr>
<tr><td rowspan="6">2015年</td><td rowspan="2">新设合伙人</td><td>申请</td><td>304</td><td>166</td><td>323</td><td>263</td><td>82</td><td>81</td><td>1 219</td></tr>
<tr><td>通过</td><td>293</td><td>166</td><td>317</td><td>238</td><td>73</td><td>75</td><td>1 162</td></tr>
<tr><td rowspan="2">新增合伙人</td><td>申请</td><td>124</td><td>13</td><td>77</td><td>60</td><td>27</td><td>18</td><td>319</td></tr>
<tr><td>通过</td><td>110</td><td>13</td><td>69</td><td>50</td><td>21</td><td>16</td><td>279</td></tr>
<tr><td rowspan="2">合计</td><td>申请</td><td>428</td><td>179</td><td>400</td><td>323</td><td>109</td><td>99</td><td>1 538</td></tr>
<tr><td>通过</td><td>403</td><td>179</td><td>386</td><td>288</td><td>94</td><td>91</td><td>1 441</td></tr>
</table>

省级注协在审查专职执业、履行会员义务和年龄的同时，特别强调审查职业道德表现和胜任能力，并对审计工作底稿的审查进行了规定。很多省级注册会计师协会对出具证明工作进行了细致研究，列明详细的评分标准，通过对材料打分进行审查，提高了合伙人（股东）

资格审查的质量和效果。

在出具证明工作完成之后，省级注册会计师协会还利用多种形式及时跟踪了解会计师事务所有关信息和动态，对合伙人（股东）进行后续监管。例如，许多省级注册会计师协会在新设会计师事务所批准设立后，召集新设会计师事务所全体合伙人（股东）到省级注册会计师协会沟通、座谈，宣传注册会计师行业相关管理规定，并对新设会计师事务所主任会计师、合伙人（股东）进行谈话提醒，要求会计师事务所加强质量控制和内部管理，切实增强风险意识，规范执业、诚信执业。

五、会计师事务所综合评价前百家情况

为满足公众全面了解行业发展，判断会计师事务所的综合实力，择优选择会计师事务所的需要，以及引导和促进会计师事务所科学发展，中国注册会计师协会于2003年建立会计师事务所前百家信息发布制度，并不断改革完善评价指标体系。多年来，会计师事务所综合评价制度及前百家信息经过不断的改进，得到公众广泛关注。

2015 年，进一步改进百家排名得分计算公式，并相应修改了《会计师事务所综合评价办法》。

（一） 排名变化

与 2014 年相比，2015 年前百家事务所的名单有所变化，8 家退出，8 家新入。4 家事务所因与其他事务所合并退出了综合排名，分别是浙江德威（与致同合并）、云南中和宏睿（与致同合并）、重庆谛威（与大信合并）、江苏利安达永诚（与大华合并）。其他 4 家是由于业务收入大幅下降，在排名时没能进入前百家。新进的 8 家都在 60 名之后。继续保持在前百家的 92 家中有 78 家名次变动（其中 42 家名次上升，36 家名次下降），14 家名次未变。其中：前 20 家有 15 家名次变化，5 家名次未变；21～50 名的事务所有 23 家名次变化，7 家名次未变；51～100 名的事务所有 47 家名次变化。总体来看，前 20 家的名次变化最小，21～50 名的事务所名次变化次之，51～100 名的事务所变动最大。

排名前 20 名的事务所与 2014 年相比，有 1 家退出了前 20 名（利安达从第 20 名降到第 22 名，天衡从第 21

名上升第 19 名)，其余事务所仅名次有所变化。其中有 6 家名次上升，9 家名次下降，5 家名次未变(见表 1-3)。

表 1-3　前 20 家名次变动对比

事务所名称	名次	相对于 2014 年名次变动
普华永道中天会计师事务所	1	未发生变化
德勤华永会计师事务所	2	未发生变化
安永华明会计师事务所	3	上升 2 名
瑞华会计师事务所	4	下降 1 名
立信会计师事务所	5	下降 1 名
毕马威华振会计师事务所	6	未发生变化
天健会计师事务所	7	未发生变化
信永中和会计师事务所	8	上升 1 名
天职国际会计师事务所	9	上升 2 名
致同会计师事务所	10	上升 2 名
大华会计师事务所	11	下降 3 名
大信会计师事务所	12	下降 2 名
中天运会计师事务所	13	上升 5 名
中汇会计师事务所	14	未发生变化
北京兴华会计师事务所	15	上升 2 名
众环海华会计师事务所	16	下降 1 名

（续表）

事务所名称	名次	相对于 2014 年名次变动
中审亚太会计师事务所	17	下降 4 名
中审华寅五洲会计师事务所	18	下降 2 名
天衡会计师事务所	19	上升 2 名
中兴财光华会计师事务所	20	下降 1 名

（二） 地区分布

与 2014 年相比，前 20 家事务所所在省（自治区、直辖市）分布仍为 6 个。前 50 家分布由 13 个省（自治区、直辖市）变为 12 个，河北省的中兴财光华由石家庄搬至北京。前百家事务所的地区分布仍为 18 个（见表 1－4）。

表 1-4　前百家、前 50 家、前 20 家各地区 2014—2015 年入围数量对比

地区	前百家			前 50 家			前 20 家		
	2015 年	2014 年	增减	2015 年	2014 年	增减	2015 年	2014 年	增减
北京	34	31	3	27	25	2	12	12	0
天津	4	4	0	4	3	1	1	1	0
河北	1	1	0	0	1	－1	0	1	－1
上海	9	9	0	5	6	－1	3	3	0

（续表）

地区	前百家			前 50 家			前 20 家		
	2015 年	2014 年	增减	2015 年	2014 年	增减	2015 年	2014 年	增减
江苏	11	10	1	3	3	0	1	0	1
浙江	12	14	−2	3	4	−1	2	2	0
福建	1	1	0	1	1	0	—	—	—
山东	4	4	0	2	2	0	—	—	—
湖北	1	1	0	1	1	0	1	1	0
湖南	5	4	1	—	—	—	—	—	—
广东	3	4	−1	1	1	0	—	—	—
广西	2	3	−1	—	—	—	—	—	—
重庆	3	4	−1	1	1	0	—	—	—
四川	3	3	0	1	1	0	—	—	—
云南	1	1	0	—	—	—	—	—	—
陕西	3	3	0	1	1	0	—	—	—
宁夏	1	1	0	—	—	—	—	—	—
新疆	2	2	0	—	—	—	—	—	—

总体情况看，前百家会计师事务所的总部注册地集中在直辖市、省会或经济发达地区中心城市，尤其是前50家的注册地全部在直辖市和经济发达省会。前百家

事务所规模较大，其地区分布与各地区的经济发展水平和市场经济发展程度高度契合。

（三）服务效率

2014年起前百家排名增加了会计师事务所员工人均业务收入指标和注册会计师人均业务收入指标，以体现事务所的综合效率。

从注册会计师人均业务收入情况看，最高368.77万元（德勤，第2名），最低34.11万元（河北金城，第98名），2014年最高381.03万元（德勤，第2名），最低37.42万元（北京中路华，第51名）。国际“四大”成员所注册会计师人均业务收入在311.34万～368.78万元，而2014年国际“四大”成员所均在259.53万～381.03万元。排名前十名的其他6家在107.64万～151.40万元，而2014年排名前十名的其他6家在96.58万～138.55万元。

在前百家事务所中，师均业务收入超过100万元的有47家，与2014年持平；超过200万元的有9家，比2014年增加2家。在前20名的事务所中，国际“四大”成员所均在 311 万元以上，与 2014 年的 259.53 万元相比，增加了 19.96%，其他 16 家事务所均在 71 万～170 万元，2014 年其他 16 家事务所均在 62.28 万～164.56 万元。

从事务所人均业务收入情况看，最高 138.55 万元（无锡方盛，第 88 名），最低 13.01 万元（北京红日，第 58 名）；2014 年最高 115.12 万元（江苏利安达永城，第 58 名），最低 10.84 万元（北京红日，第 77 名）。国际“四大”成员所在 60.05 万～62.5 万元，而 2014 年国际“四大”成员所在 50.67 万～67.90 万元。排名前十名的其他 6 家在 32.53 万～43.16 万元，而 2014 年排名前十名的其他 6 家在 29.74 万～35.20 万元。

在前百家事务所中，人均业务收入超过 50 万元的有 15 家，比 2014 年少了 2 家，超过 30 万元的有 73 家，比 2014 年多了 11 家。在前 20 名的事务所中，国际“四大”成员所和中汇的人均收入在 50 万元以上，其他 15 家事务所均在 29.36 万～46.72 万元；2014 年国际“四大”成员所和中汇的人均收入在 50 万元以上，其他 15 家事务所均在 24.53 万～39.40 万元。

在前 50 名的事务所中，证券资格事务所与非证券资格事务所的人均收入和师均收入基本相当，有多家非证券资格事务所的人均收入、师均收入超过证券资格事务所。

（四） 业务拓展情况

这里主要分析“与会计师事务所统一经营的其他执业机构业务收入”，即与会计师事务所具有统一经营战略、统一品牌、统一专业资源、统一人员管理的专业服务机构经营取得的业务收入。2015 年，前百家会计师事务所中有 73 家填报了其他执业机构的业务收入，比 2014 年的 65 家增加 8 家。前百家的“与会计师事务所统一经营的其他执业机构业务收入”合计 52.36 亿元，较上年的 42.1 亿元增长 24.37%，增速明显高于事务所本身业务收入增速。

（执笔：孙国红、张素青）

分报告二　2015 年注册会计师发展报告

2015 年，全国注册会计师数量有小幅上升，总体保持稳定。截至 2015 年 12 月 31 日，全国共有注册会计师 101 376 人，首次突破 10 万人。从年龄结构看，30～50 岁的注册会计师共 62 280 人，占全部注册会计师的比例为 61.43%。从学历结构看，本科及以上学历的注册会计师共 51 294 人，占注册会计师总数的 50.60%，比上年增长 1.69%。

一、注册会计师的人数情况

（一） 注册会计师人数总体情况

截至 2015 年 12 月 31 日，全国共有注册会计师 101 376人，比 2014 年年末净增加2 331人。其中，新批注册会计师 6 272 人，因转为非执业会员、完全丧失民事行为能力、受刑事处罚、自行停止执业满 1 年等原因撤销、注销注册会计师 3 941 人。

2005—2010 年，注册会计师总量一直稳定上升。2010—2013 年增长势头有所减缓。2013—2015 年，注册会计师人数呈现稳步增长态势（见图 2-1、图2-2）。

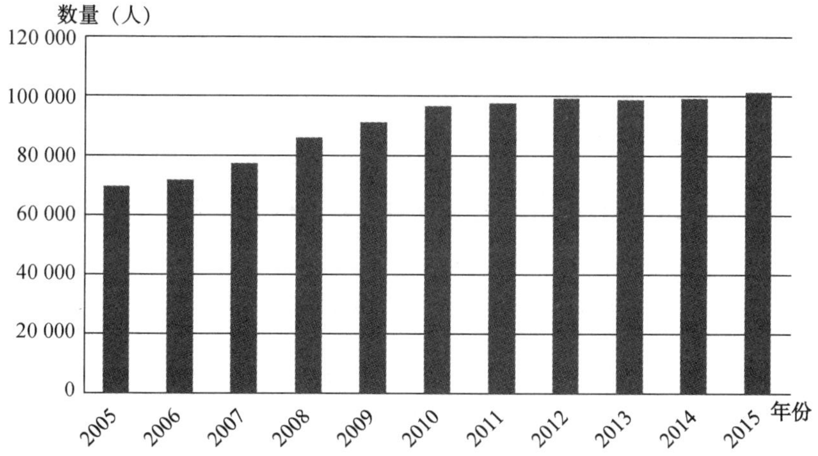

图 2-1　2005—2015 年全国注册会计师人数变化情况

截至 2015 年 12 月 31 日，注册会计师数量最多的是北京，共有 12 762 人，占全国总数的 12.73%；其次是广东，共有 9 028 人（其中深圳 3 054 人）；第三是四川，共有 6 356 人（见图 2-3）。

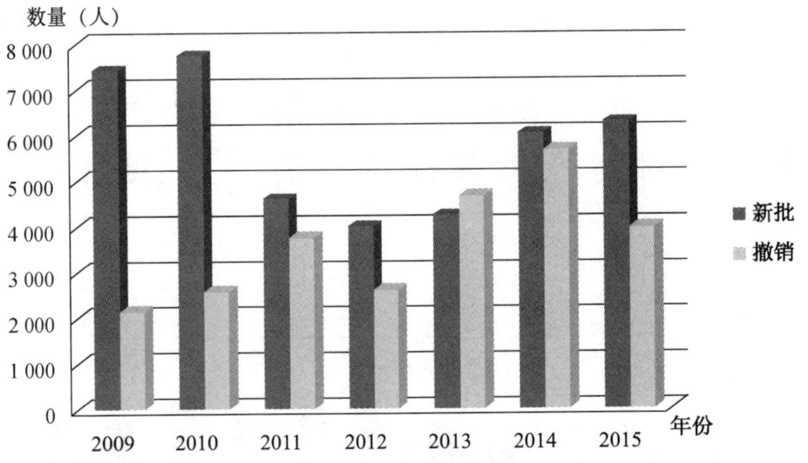

图2-2　2009—2015 年新批与撤销注册会计师变化情况

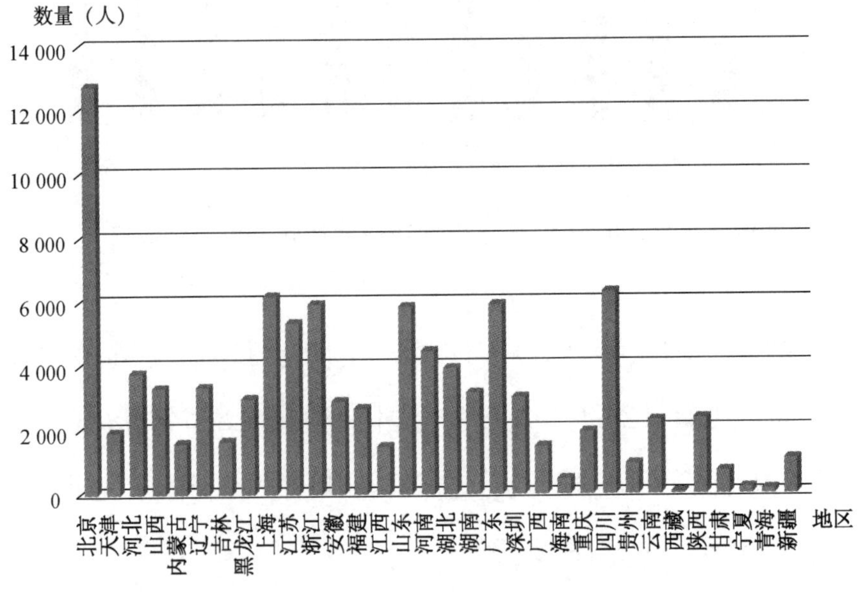

图 2-3　截至 2015 年 12 月 31 日注册会计师分布情况

为了便于比较，我们将各地区注册会计师人数占全国注册会计师总数的比例与各地区国内生产总值（GDP）占全国的比例进行了比较（见图 2-4）。结果表明，各地区注册会计师分布基本上与经济发展水平相当。

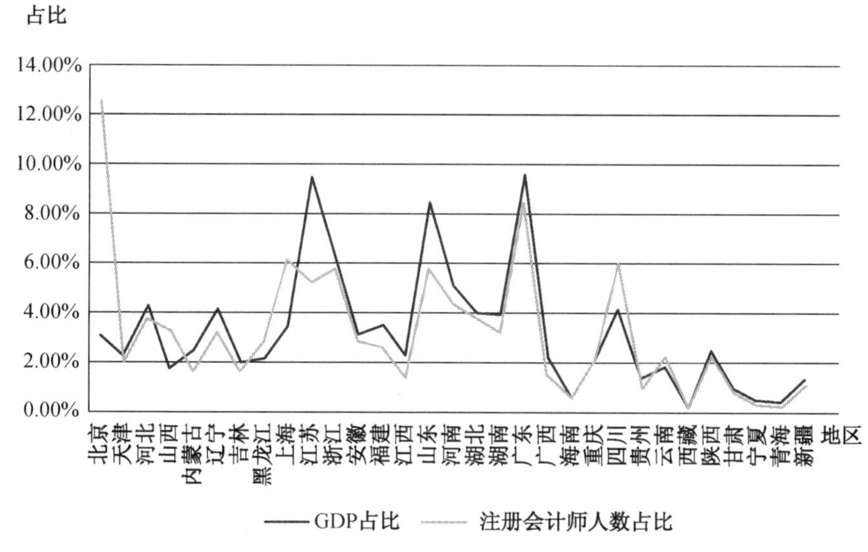

图 2-4　2015 年各地注册会计师人数占比与 2014 年 GDP 占比比较

注：GDP 相关数据来自国家统计局网站。

（二）注册会计师数量变化情况

2015 年对注册会计师进行任职资格年度检查（以

下简称“年检”)。年检结果显示,全国参加年检的注册会计师 98 412 人,比上年增加 405 人;通过年检的有 94 868人,通过率为 96.4%,比上年提高 2.66%。因完全丧失民事行为能力、受到行政或刑事处罚、未在事务所专职执业等原因不予通过年检的有 1 622 人,不予通过率 1.65%,比上年下降 2.55%。因未参加年检、未完成继续教育、未缴纳会费等原因暂缓通过年检的有 1 922 人,暂缓通过率 1.95%,比上年下降 0.04%。在年检撤销、注销人员中,完全丧失民事行为能力的 12 人,受刑事处罚的 2 人,受行政处罚、撤职以上处分的 1 人,未专职执业的 355 人,自行停止执业满 1 年的 186 人,其他原因(身体原因、个人愿望等自愿退出行业或者去世)1 066 人,以不正当手段取得注册会计师证书的为 0。

各地方注册会计师协会高度重视年检工作,准确把握政策,严格规范程序,克服工作难题;在鼓励会计师事务所自纠自查的同时,全面加强实地检查的力度和范围,并积极探索新的检查方式,通过检查注册会计师的工资发放情况、聘用合同签署情况、人事档案托管情况、社保参保情况、注册会计师执业工作轨迹等手段,重点检查注册会计师不在会计师事务所专职执业的问题,加强了受理检查送审环节力度,对会计师事务所提供的注册会计师社保参保证明严格审查把关,特别是要求会计师事务所提供注册会计师社保参保证明原件、复印件,并留存复印件备案,有利于注册会计师行业及时清理挂名注册会计师,保持注册会计师队伍的纯洁性。

从近年情况看,全国应参加年检人数逐年增加,年检通过率逐年下降,未通过率在2014年达到峰值4.20%,2015年降至1.65%(见表2-1)。

表2-1 2010—2015年注册会计师任职资格检查情况

年度	人数(个)	通过年检人数(人)	暂缓通过人数(人)	未通过年检人数(人)	未通过率
2010	89 725	86 738	1 894	1 093	1.22%
2011	95 274	91 810	1 828	1 636	1.72%
2012	96 413	92 406	2 798	1 209	1.25%
2013	98 321	92 358	3 280	2 410	2.45%
2014	98 007	91 937	1 951	4 119	4.20%
2015	98 412	94 868	1 922	1 622	1.65%

二、注册会计师的构成情况

（一） 资格取得方式

历史上，取得注册会计师资格有两种方式：考试和考核。1999 年后，参加注册会计师全国统一考试成为取得注册会计师资格的唯一途径。截至 2015 年 12 月 31 日，在全国注册会计师中，通过考试取得资格的占 78.49%，通过考核取得资格的占 21.51%（见图2－5）。

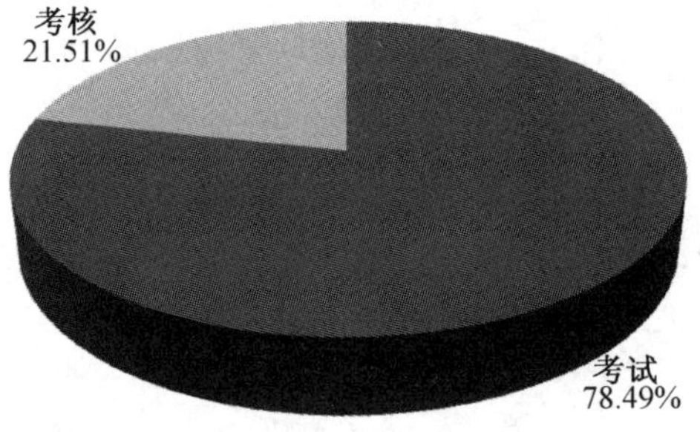

图 2-5　注册会计师资格取得方式结构

从近几年趋势来看，通过考试取得注册会计师资格的人数占全部注册会计师总人数的比例逐年上升（见表 2-2）。

表 2-2　2010—2015 年考试取得注册会计师资格人数占全部注册会计师人数比例

年份	考试通过的注册会计师人数(人)	注册会计师人数(人)	考试通过注册会计师占注册会计师总数的百分比
2010	70 896	96 498	73.47%
2011	72 762	97 510	74.62%
2012	74 815	99 085	75.51%
2013	75 142	98 625	76.48%
2014	76 552	99 045	77.29%
2015	79 571	101 376	78.49%

（二）年龄结构

2015 年，全国注册会计师中 41～50 岁的注册会计师最多，共 39 666 人，占注册会计师总数的 39.13%；其次为 51～70 岁的注册会计师共 26 128 人，占 25.77%；31～40 岁的注师人数居第三位，共 22 614 人，占 22.31%；70 岁以上的人数居第四位，共 6 672人，占 6.58%；30 岁以下的人数最少，共 6 296 人，占 6.21%（见图 2-6）。

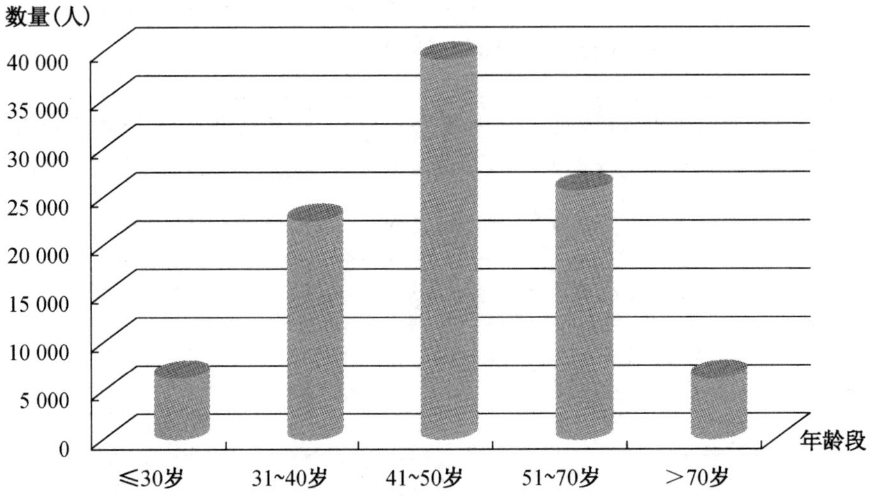

图 2-6　2015 年注册会计师年龄结构示意图

通过考试取得资格的注册会计师的年龄主要集中在 50 岁以下，占比为 85.42%，与 2014 年的 92.11%相比下降了 6.69%。在通过考核取得资格的注册会计师中，51 岁以上的注册会计师占比最大，达到 97.22%（见图 2-7 和图 2-8）。

从近年情况看，50 岁以下注册会计师人数基本稳定。31～40 岁的注册会计师人数急剧减少，到 2015 年占比仅为 22.31%（见表 2-3 和图 2-9）。综合考虑资格

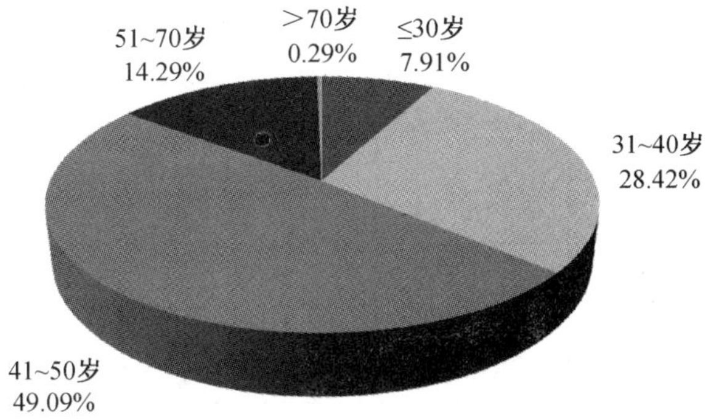

图 2-7　2015 年考试通过的注册会计师年龄结构

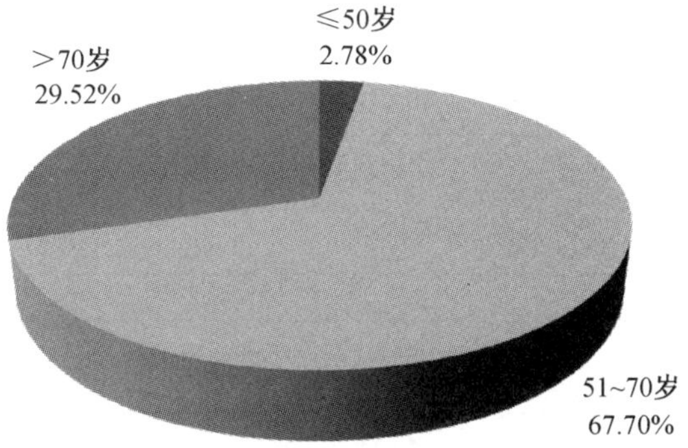

图 2-8　2015 年考核通过的注册会计师年龄结构

取得方式以及相对应的年龄结构，可以预见，在未来几年里，注册会计师队伍中 60％以上的仍将是考试方式通过的 30～50 岁的注册会计师。

表 2-3　2009—2015 年注册会计师年龄结构变化情况

年度	小于 30 岁	31～40 岁	41～50 岁	51～70 岁	大于 70 岁
2009	4.49%	38.28%	25.91%	26.40%	7.49%
2010	7.14%	38.86%	24.78%	25.08%	4.24%
2011	7.76%	39.36%	24.54%	24.65%	3.68%
2012	3.07%	27.97%	37.91%	24.88%	6.27%
2013	5.90%	31.59%	34.77%	23.49%	4.25%
2014	6.95%	27.46%	36.20%	24.61%	4.78%
2015	6.21%	22.31%	39.13%	25.77%	6.58%

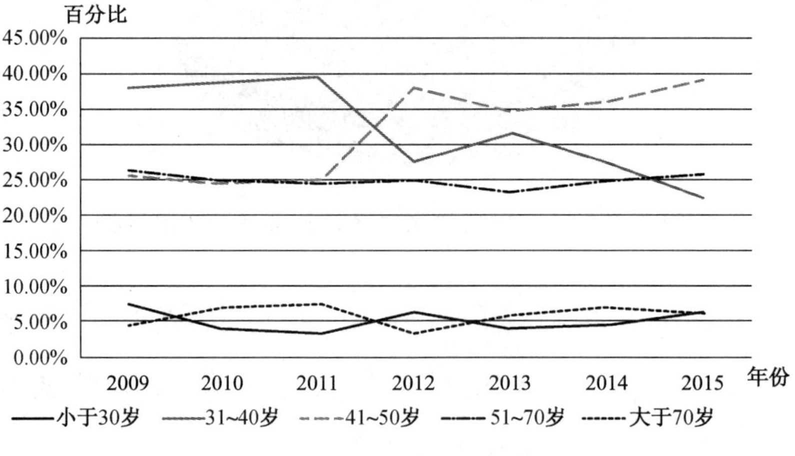

图 2-9　2009—2015 年注册会计师年龄结构变化情况

（三）学历结构

在 2015 年全国注册会计师中，大专及以下学历的注册会计师共 50 082 人，占注册会计师总数的 49.40%。本科及以上学历的注册会计师共 51 294 人，占注册会计师总数的 50.60%。其中，本科学历的共 45 670 人，占 45.05%；硕士学历的共有 5 123 人，占 5.05%；博士学历的共 501 人，占 0.49%（见图 2-10）。

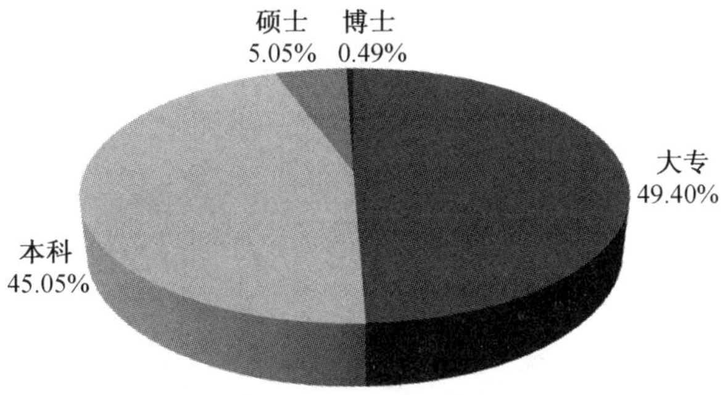

图 2-10　全部注册会计师的学历结构

截至 2015 年 12 月 31 日，考核通过的注册会计师仍有 21 841 人，其中本科及以上学历的有 5 122 人，仅占全部考核人员的 23.45%，76.55%为大专学历；而在考试通过的注册会计师中，58.05%是本科及以上学历，大专学历占 41.95%(见图 2-11 和图 2-12)。

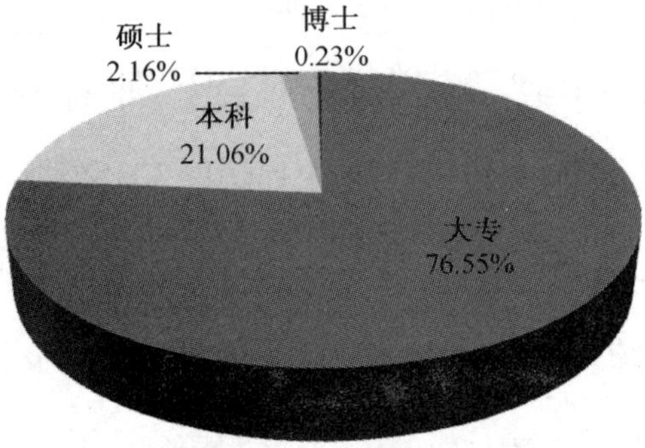

图 2-11　考核通过的注册会计师的学历结构

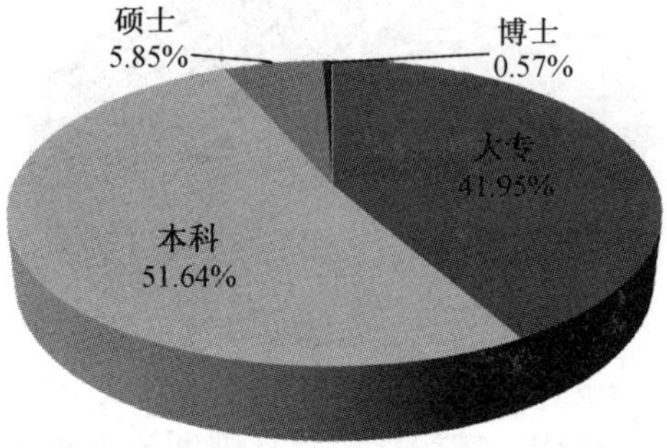

图 2-12　考试通过的注册会计师的学历结构

从近年情况看,近 5 年全国注册会计师学历结构所占比例逐年上升。其中,本科和硕士学历呈上升趋势,博士学历基本持平,大专学历则呈下降趋势(见表 2-4

和图 2-13)。

表 2-4 2009—2013 年全国注册会计师学历变化情况

年份	大专	本科	硕士	博士
2009	56.02%	39.18%	4.13%	0.68%
2010	54.88%	40.05%	4.28%	0.80%
2011	55.18%	41.00%	4.22%	0.50%
2012	54.50%	40.60%	4.30%	0.60%
2013	52.90%	42.07%	4.46%	0.58%
2014	51.09%	43.62%	4.77%	0.52%
2015	49.40%	45.05%	5.05%	0.49%

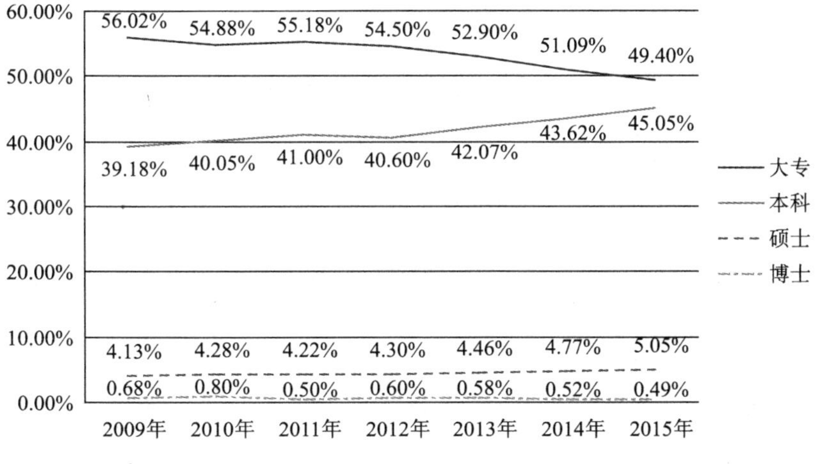

图 2-13 2009—2015 年全国注册会计师学历变化情况

三、非执业会员的数量及结构

截至 2015 年 12 月 31 日，中国注册会计师协会非执业会员共有 113 715 人(其中外国及中国港澳台地区非执业会员 537 人)。2015 年中国注册会计师协会非执业会员比上一年度净增加 10 120 人(不包括外国及中国港澳台地区)，其中，新批非执业会员 8 276 人，注册会计师转非执业会员 3 335 人，取消登记(转为执业)1 366 人，取消资格 125 人。

(一) 境内非执业会员情况

按非执业会员数量统计。截至 2015 年 12 月 31 日，中国注册会计师协会非执业会员共有 113 715 人(其中外国及中国港澳台地区非执业会员 537 人)。上海非执业会员数量最多，共有 17 319 人，占全国总数的 15.30%(不包括外国及中国港澳台地区，下同)；其次是北京，共有 16 400 人；非执业会员数量最少的为西藏，共有 46 人(见图 2-14)。

按照非执业会员年龄统计。在全国非执业会员中，年龄在 41～50 岁的最多，其次为 31～40 岁的。50 岁

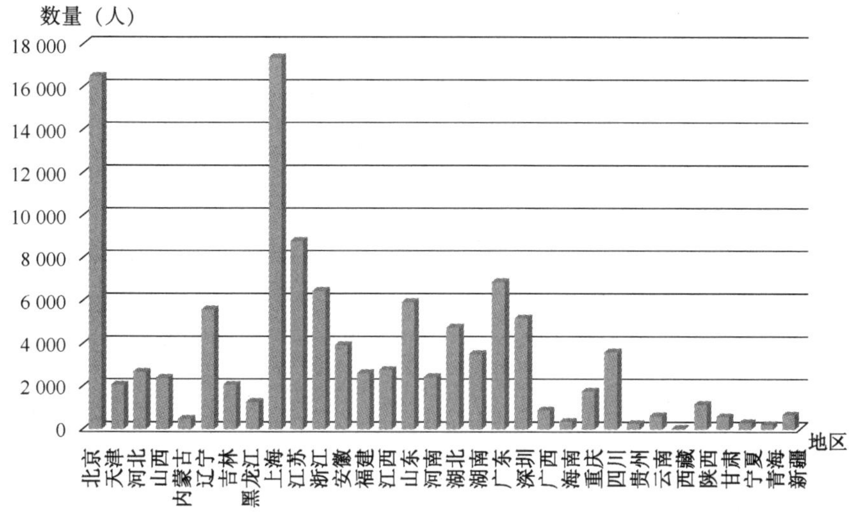

图 2-14　截至 2015 年 12 月 31 日全国非执业会员分布情况

以下非执业会员占比 76.87%(见图 2-15)。

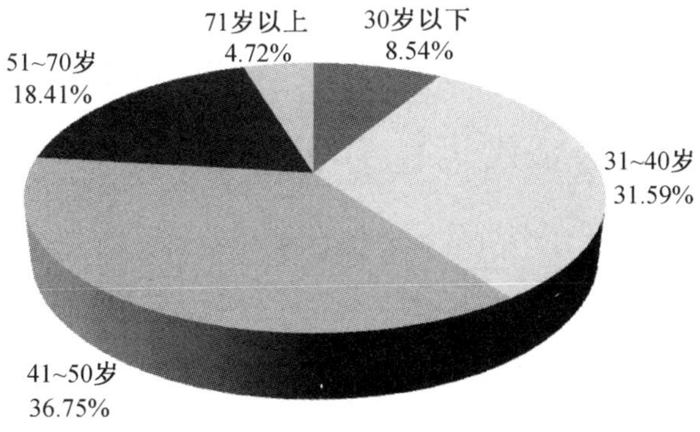

图 2-15　截至 2015 年 12 月 31 日全国非执业会员年龄结构

按照非执业会员性别统计。全国非执业会员男、女性别比例相对平衡，其中，男性非执业会员 57 201 人，占全国非执业会员总数的 50.54%；女性非执业会员 55 977人，占 49.46%。

按照非执业会员资格取得方式统计。截至 2015 年 12 月 31 日，国内非执业会员 113 178 人。其中，通过考试取得会员资格的 97 699 人，占比为 86.32%；通过考核取得会员资格的 15 479 人。

（二） 外国及中国港澳台地区非执业会员情况

截至 2015 年 12 月 31 日，中注协海外非执业会员共 537 人，比 2014 年增加 29 人。目前海外非执业会员具体分布情况为：中国台湾地区 318 人，香港特别行政区 180 人，澳门特别行政区 9 人，其他国家和地区 30 人。其中港澳台地区占比为 94.41%。

四、资深会员与名誉会员

2015 年中注协共评定资深会员 758 人，其中执业会员 602 人，非执业会员 156 人。截至 2015 年 12 月 31

日,中国注册会计师协会共有资深会员 1 442 人,名誉会员 17 人。

（执笔:孙国红、张素青）

分报告三　2015年注册会计师行业业务收入分析报告①

2015年，注册会计师行业实现业务收入689.71亿元，同比增收86.14亿元，增幅14.27%，较上年同期增加7.1个百分点，领先同期国内生产总值(GDP)增速(6.9%)两倍多。这是近12年来行业业务收入第10次实现两位数增长(见图3-1、图3-2)。

2015年，全行业8 509家会计师事务所(含分所1 038家，以下简称事务所)年均创收811万元，同比增长13.59%。执业注册会计师101 376人，人年均创收68万元，同比增长7.94%(见表3-1、图3-3)。

---

① 本报告中所提及的会计师事务所和注册会计师数量，来源于中国注册会计师行业管理信息系统财务报表子系统2015年度数据。其中所称事务所是指2015年1月1日至12月31日期间存续的、从事各类业务并取得收入，且按规定应当填报财务报表和披露财务信息的会计师事务所。本报告所提及的国内生产总值(GDP)数据均来自国家和各地方统计部门官网。

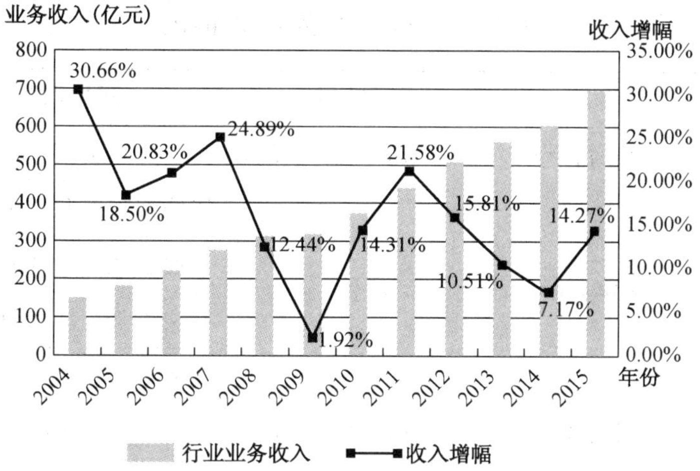

图 3-1　2004—2015 年行业业务收入增长趋势

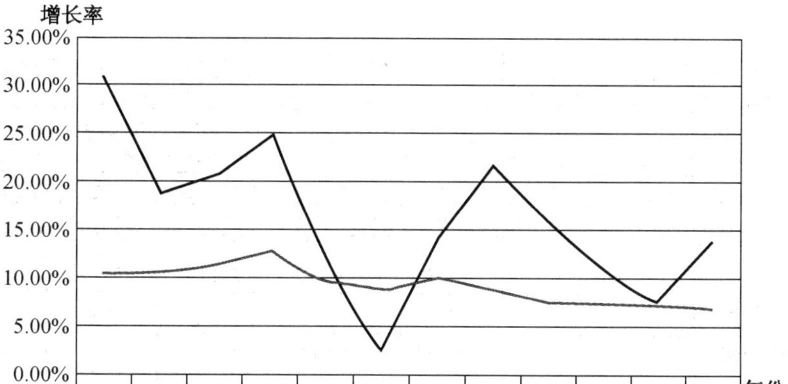

	2004	2005	2006	2007	2008	2009	2010	2011	2012	2013	2014	2015
收入增幅	30.66%	18.50%	20.83%	24.89%	12.44%	1.92%	14.31%	21.58%	15.81%	10.51%	7.17%	14.27%
GDP增幅	10.10%	10.40%	11.10%	13.00%	9.60%	9.20%	10.30%	9.20%	7.80%	7.80%	7.40%	6.90%

图 3-2　2004—2015 年行业业务收入与 GDP 增长趋势对照

表 3-1　行业收入增长情况

项目	数量	同比增长
行业总收入及增长率	689.71 亿元	14.27%
事务所数(含分所)	8 509 家	特殊普通合伙　565 家
		普通合伙　3 175 家
		有限责任　4 767 家
		个人独资　2 家
所均创收及增长率	811 万元/年	13.59%
执业注册会计师数	101 376 人	
人均创收及增长率	68 万元/年	7.94%

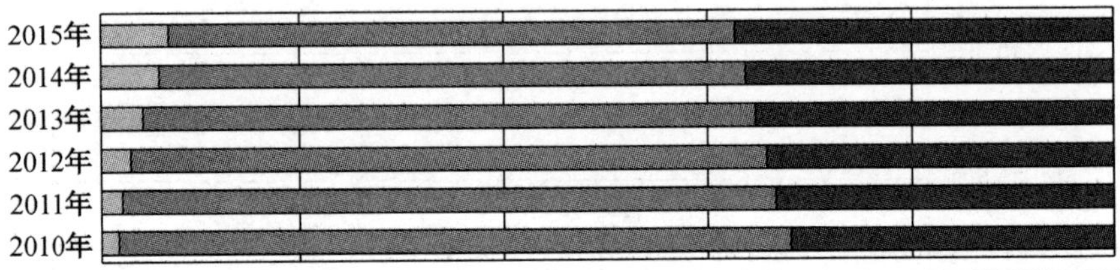

	2010年	2011年	2012年	2013年	2014年	2015年
特殊普通合伙	124	168	246	337	493	565
有限责任	5 132	5 052	5 189	5 067	4 883	4 767
普通合伙	2 471	2 615	2 848	2 967	3 079	3 175
个人	6	6	4	4	3	2

图 3-3　2010—2015 年不同类型事务所数量对照

一、行业纳税情况

（一）整体税负增加

2015年，行业税收贡献67.62亿元，同比增长24.64%。行业税负（总税费/行业业务总收入）达到9.8%，同比增长0.82个百分点。其中，营业税持续减负，同比减少40.56%；增值税首次突破30亿元，同比增长20.24%。增值税、个人所得税和企业所得税为主要税种，占行业整体税负的92.44%（见表3-2）。

表3-2　2015年事务所各项税费缴纳情况

金额单位：万元

项目	2014年	2015年	增幅	占行业整体税费比重
增值税	251 828.12	302 806.74	20.24%	44.78%
个人所得税	205 874.41	287 548.71	39.67%	42.53%
企业所得税	36 317.37	34 682.65	−4.50%	5.13%
城市建设维护税	17 721.01	21 569.20	21.72%	3.19%
教育费附加	8 191.41	9 807.75	19.73%	0.82%
地方教育费附加	4 644.02	5 766.32	24.17%	1.45%
营业税	9 379.18	5 575.14	−40.56%	0.85%

（续表）

项目	2014 年	2015 年	增幅	占行业整体税费比重
房产税	1 104.13	1 095.38	－0.79％	0.16％
印花税	450.02	466.47	3.66％	0.07％
车船税	211.40	192.81	－8.79％	0.03％
土地税	112.54	131.25	16.63％	0.02％
其他税	6 679.37	6 536.52	－2.14％	0.97％
合计	542 512.98	676 178.94	24.64％	100.00％

（二） 事务所规模与税负水平呈正比

“营改增”以来，伴随业务收入不断增长，作为一般纳税人的年收入超过 500 万元的事务所缴纳的税费和承担的税负亦不断增加。2015 年，该类事务所的税费增长和税负水平都超过行业平均水平（27.23％＞24.64％；10.6％（①/②）＞9.8％）；而业务收入排名前百家的大型事务所，其税费增长和税负水平与前述情形一致（31.83％＞27.23％＞24.64％；11.47％（③/④）＞10.6％＞9.8％，见表 3-3、表 3-4）。

表 3-3 2015 年业务收入 500 万元以上事务所各项税费缴纳情况

金额单位:万元

项目	2014 年	2015 年	增幅	占行业总额比重
事务所(总分所合计)	1 200 家	1 262 家	5.17%	17.36%
业务收入(单位:元)	5 109 631.43	② 5 969 197.77	16.82%	86.55%
增值税	223 800.77	274 290.61	22.56%	90.58%
个人所得税	199 220.57	281 426.92	41.26%	97.87%
企业所得税	31 734.09	31 392.72	−1.08%	90.51%
城市建设维护税	15 749.68	19 621.31	24.58%	90.97%
教育费附加	7 275.87	8 902.91	22.36%	90.77%
地方教育费附加	4 122.40	5 243.56	27.20%	90.93%
营业税	8 552.96	5 091.98	−40.47%	91.33%
房产税	756.19	751.23	−0.66%	68.58%
印花税	401.28	423.15	5.45%	90.71%
车船税	153.64	134.68	−12.34%	69.85%
土地税	53.22	61.51	15.58%	46.86%
其他税	5 911.28	5 933.06	0.37%	90.77%
合计	497 731.95	① 633 273.64	27.23%	93.65%

表 3-4　2015 年业务收入排名前百家的大型事务所各项税费缴纳情况

金额单位：万元

项目	2014 年	2015 年	增幅	占行业总额比重
事务所（总分所合计）	100 家	100 家	—	1.37%
业务收入（单位：元）	3 937 024.27	④ 4 690 121.05	19.13%	68.00%
增值税	174 226.77	218 433.78	25.37%	72.14%
个人所得税	182 152.43	264 021.32	44.95%	91.82%
企业所得税	18 880.34	18 671.77	−1.10%	53.84%
城市建设维护税	12 296.04	15 788.45	28.40%	73.20%
教育费附加	5 647.20	7 120.90	26.10%	72.60%
地方教育费附加	3 199.98	4 077.76	27.43%	70.72%
营业税	5 758.29	3 813.34	−33.78%	68.40%
房产税	346.57	307.49	−11.28%	28.07%
印花税	346.20	373.59	7.91%	80.09%
车船税	78.71	69.98	−11.09%	36.29%
土地税	14.80	18.19	22.91%	13.86%
其他税	5 077.91	5 194.33	2.29%	79.47%
合计	408 025.24	③ 537 890.90	31.83%	79.55%

（三）经济发达地区税负相对较重

受“总部经济”影响，收入排名靠前的地区因事务所相对集中且规模较大，其税费缴纳额和税负水平都高于行业平均水平。2015 年，上海、北京、浙江、广东和江苏地区的事务所，平均税负都超过 9.8%；四川、北京和广东地区的事务所，增值税增幅都超过 20.24%；北京地区的事务所营业税缴纳额达到 2 757.58 万元，占行业营业税缴纳总额的 49.46%（见表 3-5）。

表 3-5　2015 年北上广苏浙川鲁鄂地区事务所缴税情况

地区	税费总额（亿元）	业务收入（亿元）	税负（税费/收入）	营业税			增值税		
				缴税额（万元）	增幅	占行业总额比重	缴税额（万元）	增幅	占行业总额比重
北京	18.80	160.95	11.68%	2 757.58	0.21%	49.46%	68 893.76	29.73%	22.75%
上海	14.18	103.08	13.75%	110.97	−23.65%	1.99%	49 338.76	12.49%	16.29%
广东	7.19	68.99	10.42%	13.16	−97.85%	0.24%	32 091.12	20.42%	10.60%
江苏	4.91	49.07	10.00%	200.76	−58.99%	3.60%	21 722.66	12.34%	7.17%
浙江	4.91	46.76	10.50%	454.67	2.67%	8.16%	22 581.40	18.13%	7.46%
四川	1.71	26.57	6.43%	168.01	−77.85%	3.01%	10 570.25	32.92%	3.49%
山东	1.63	26.19	6.22%	106.63	−39.54%	1.91%	10 855.60	19.43%	3.58%
湖北	1.35	19.29	6.99%	185.05	2.70%	3.31%	8 230.09	11.08%	2.71%

二、各地收入实现情况

（一） 总体情况

2015年，从业务收入规模看，北京以160.95亿元继续位列第1；上海紧随其后，达到103.08亿元；广东位列第3，达到68.99亿元；江苏、浙江、四川、山东、湖北、重庆和湖南分列第4～10位。从业务收入增速看，31个省（自治区、直辖市）除山西外，其余地区均呈增长态势，其中13个省（自治区、直辖市）的增速超过了全国平均水平（14.27%）。增长最快的是西藏，达到74.07%；北京、湖南、新疆、甘肃和青海的增长超过20%（见表3-6）。

表3-6　2015年行业业务收入规模、构成与地方经济总量对照

地区	行业业务收入规模				地方生产总值（GDP）（数据取自国家及地方统计局官网）		
	排名	总量（亿元）	增幅	结构	排名	总量（亿元）	增幅
北京	1	160.95	22.35%	75:25	13	22 968.60	6.90%
上海	2	103.08	9.24%	82:18	12	24 964.99	6.90%
广东	3	68.99	12.89%	85:15	1	72 812.55	8.00%
江苏	4	49.07	16.20%	51:49	2	70 116.40	8.50%

（续表）

地区	行业业务收入规模				地方生产总值（GDP）（数据取自国家及地方统计局官网）		
	排名	总量（亿元）	增幅	结构	排名	总量（亿元）	增幅
浙江	5	46.76	15.00%	62:38	4	42 886.00	8.00%
四川	6↑1	26.57	15.98%	60:40	6↑2	30 103.10	7.90%
山东	7↓1	26.19	12.02%	67:33	3	63 002.30	8.00%
湖北	8	19.29	10.23%	56:44	8↑1	29 550.19	8.90%
重庆	9	15.76	5.28%	53:47	20↑1	15 719.72	11.00%
湖南	10↑4	14.72	21.45%	69:31	9↑1	29 047.20	8.60%
云南	11↓1	14.62	2.89%	56:44	23	13 717.88	8.70%
陕西	12↓1	14.60	10.52%	47:53	15↑1	18 171.86	8.00%
辽宁	13↓1	14.52	10.76%	62:38	10↓3	28 700.00	3.00%
河南	14↓1	13.89	12.20%	65:35	5	37 010.25	8.30%
天津	15	12.42	16.73%	60:40	19↓2	16 538.19	9.30%
安徽	16	11.25	15.50%	65:35	14	22 005.60	8.70%
福建	17↑1	9.70	18.15%	84:16	11	25 979.82	9.00%
河北	18↑2	8.78	11.56%	72:28	7↓1	29 806.10	6.80%
山西	19↓2	8.77	−3.84%	56:44	24	12 802.58	3.10%
广西	20↓1	8.28	1.72%	49:51	17↑2	16 803.12	8.10%

（续表）

地区	行业业务收入规模				地方生产总值(GDP)（数据取自国家及地方统计局官网）		
	排名	总量（亿元）	增幅	结构	排名	总量（亿元）	增幅
新疆	21↑1	5.90	21.40%	68:32	26↓1	9 324.80	8.80%
吉林	22↓1	5.82	6.40%	77:23	22	14 274.11	6.50%
贵州	23	4.72	11.85%	58:42	25↑1	10 502.56	10.70%
黑龙江	24	4.61	13.27%	67:33	21↓1	15 083.70	5.70%
江西	25	4.47	10.10%	58:42	18	16 723.80	9.10%
甘肃	26	4.45	23.96%	65:35	27	6 790.32	8.10%
内蒙古	27	4.12	19.42%	75:25	16↓1	18 032.79	7.70%
海南	28	3.33	11.74%	76:24	28	3 702.80	7.80%
青海	29	2.00	23.46%	50:50	30	2 417.05	8.20%
宁夏	30	1.61	3.21%	59:41	29	2 911.77	8.00%
西藏	31	0.47	74.07%	79:21	31	1 026.39	11.00%
合计		689.71	14.27%	70:30		723 496.54	6.90%

（二） 收入增长原因

1. 国家政策层面

（1）证券市场的稳定发展，特别是中小板市场的推出与代办股份转让系统的出现，为行业发展、事务所业务拓展创造了极为有利的市场环境。

（2）伴随国家深化改革、完善经济结构、优化资源配置，市场对专业化服务的需求不断加大，提升了市场活跃度，促进事务所不断丰富业务品种，拓宽业务领域。

（3）“一带一路”战略的实施促进了国际产能合作的积极推进，中国对外投资合作保持平稳较快增长，为事务所走出去、加快国际业务拓展提供了更多的机会和可能。

2. 行业治理层面

（1）引导事务所响应国家经济战略布局和产业结构调整号召，落实做强做大和做精做专政策措施，推进品牌建设，实现规模化经营。

（2）推进事务所扩大对外交流与合作，巩固执业准则国际趋同成果，通过独资、合作、发展成员所、设立分支机构等形式将服务向国外扩展，实现国际化经营。

（3）开展行业信息化战略顶层设计，推进大型事务所审计软件部署实施，普及行业法律法规库和经济数据库应用，提升信息化水平。

(4) 通过实施年报审计监管约谈、风险导向执业质量检查制度、综合治理行业不正当低价竞争、推动完善外部审计师轮换制度等一系列措施，规范事务所质量控制。

3. 事务所自身因素

(1) 为适应经济转型的新形势，积极提升对市场需求和专业服务的认知，深化人才培养，改善人才队伍结构，提高专业服务和增值服务能力。

(2) 为适应行政监管改革的新变化，特别是国家工商注册制度改革和行政审批制度调整对中小型事务所验资、年报审计业务的影响，积极拓展新的业务领域，实现多元化经营。

(3) 为适应走出去、国际化经营的新需要，积极跟进"一带一路"沿线投资合作热点，改进市场开发方式，通过信息化手段提高服务能力。

当然，验资和年报审计业务成交量逐年大幅下降是导致中小型事务所和部分地区行业收入增长迟缓的主要原因。

2011—2015 年大中小型事务所验资收入占比对比、2011—2015 年大中小型事务所年报审计收入占比对比、2015 年各地验资收入情况如表 3－7、表 3－8、表 3-9 所示。

表 3-7　2011—2015 年大中小型事务所验资收入占比对比

事务所规模	2011 年占全年验资收入比重	2012 年占全年验资收入比重	2013 年占全年验资收入比重	2014 年占全年验资收入比重	2015 年占全年验资收入比重
1 亿元以上	10.26%	4.93%	9.53%	21.69%	43.84%
千万元至 1 亿元	13.48%	17.16%	16.00%	12.59%	10.10%
千万元以下	76.26%	77.91%	74.47%	65.72%	46.06%
合计		100%	100%	100%	100%

表 3-8　2011—2015 年大中小型事务所年报审计收入占比对比

事务所规模	2011 年占全年年报审计收入比重	2012 年占全年年报审计收入比重	2013 年占全年年报审计收入比重	2014 年占全年年报审计收入比重	2015 年占全年年报审计收入比重
1 亿元以上	63.92%	63.92%	61.43%	66.68%	70.34%

（续表）

事务所规模	2011年占全年年报审计收入比重	2012年占全年年报审计收入比重	2013年占全年年报审计收入比重	2014年占全年年报审计收入比重	2015年占全年年报审计收入比重
千万元至1亿元	11.97%	11.97%	12.57%	10.67%	9.97%
千万元以下	24.11%	24.11%	26.00%	22.65%	19.70%
合计	100%	100%	100%	100%	100%

表3-9　2015年各地验资收入情况

地区	验资收入占总收入比重	验资收入增长率	年收入500万~1 000万元事务所占事务所比重（总分所单独计算）	年收入500万元以下事务所占事务所比重（总分所单独计算）
北京	0.65%	48.31%	8.82%	77.24%
上海	0.97%	10.20%	16.18%	63.82%
广东	2.34%	0.48%	9.66%	78.86%
江苏	1.08%	−30.84%	17.64%	60.27%
浙江	1.33%	−33.06%	17.63%	65.74%
四川	1.34%	−55.88%	9.75%	75.51%
山东	0.91%	−40.45%	7.41%	83.03%
湖北	0.94%	−29.96%	7.01%	85.45%
重庆	0.81%	−48.06%	19.09%	47.27%

（续表）

地区	验资收入占总收入比重	验资收入增长率	年收入500万～1 000万元事务所占事务所比重（总分所单独计算）	年收入500万元以下事务所占事务所比重（总分所单独计算）
湖南	1.14%	－17.19%	5.80%	79.46%
云南	0.87%	－62.56%	14.81%	64.20%
陕西	0.70%	－13.38%	11.17%	74.76%
辽宁	1.07%	－43.92%	5.00%	88.50%
河南	1.78%	－35.78%	8.37%	83.94%
天津	1.30%	－32.47%	15.15%	63.64%
安徽	0.93%	－28.62%	8.76%	81.39%
福建	2.71%	－24.35%	8.46%	83.08%
河北	1.82%	－37.21%	8.19%	87.43%
山西	0.91%	－56.21%	7.07%	87.78%
广西	0.86%	－59.24%	7.04%	76.06%
新疆	1.50%	－32.15%	9.30%	79.07%
吉林	2.38%	－28.15%	3.68%	91.05%
贵州	1.31%	－47.14%	13.33%	72.22%
黑龙江	0.60%	－56.82%	3.96%	93.29%
江西	3.06%	－43.16%	7.23%	86.75%
甘肃	2.08%	－21.16%	12.39%	76.99%

（续表）

地区	验资收入占总收入比重	验资收入增长率	年收入500万~1 000万元事务所占事务所比重（总分所单独计算）	年收入 500万元以下事务所占事务所比重（总分所单独计算）
内蒙古	1.50%	−44.35%	3.66%	94.14%
海南	3.13%	−44.94%	20.90%	70.15%
青海	0.86%	−55.18%	26.67%	60.00%
宁夏	1.49%	−37.32%	25.00%	64.29%
西藏	1.77%	−20.28%	4.55%	95.45%
合计	1.18%	−23.11%	9.79%	78.61%

（三） 地区发展趋势

行业业务收入从地区来看，华北、西北地区收入增长超过全国平均水平；西南地区收入增长较其他地区略缓；东北地区收入总量及占行业总收入的比重连续两年低于西北地区。

2015 年行业业务收入地区分布如图 3-4 所示。2015 年行业收入区域增长对比如表 3-10 所示。

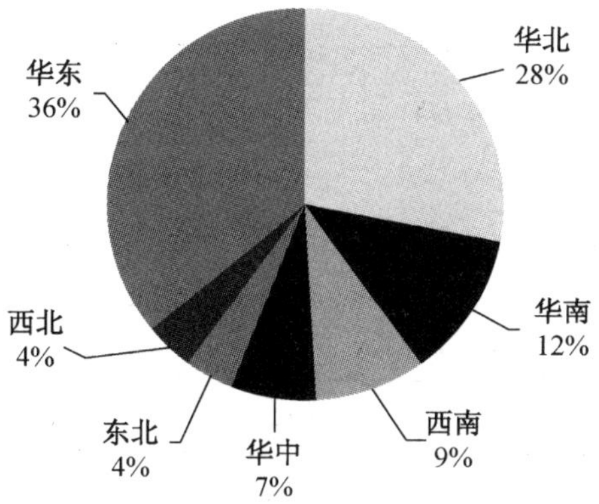

图 3-4　2015 年行业业务收入地区分布

表 3-10　2015 年行业收入区域增长对比

单位:亿元

地区	2014 年	2015 年	增长率	占总收入比重
华东(沪、浙、苏、鲁、徽、闽、赣)	222.64	250.52	12.52%	36.32%
华北(京、津、冀、晋、蒙)	162.63	195.04	19.93%	28.28%
华南(粤、桂、海)	72.23	80.60	11.59%	11.69%
西南(云、贵、川、渝、藏)	56.58	62.14	9.83%	9.01%
华中(湘、鄂、豫)	42.00	47.90	14.05%	6.94%

（续表）

地区	2014年	2015年	增长率	占总收入比重
西北（陕、甘、宁、新、青）	24.84	28.56	14.98%	4.14%
东北（辽、吉、黑）	22.65	24.95	10.15%	3.62%
合计	603.57	689.71	14.27%	100%

全国有5个省（自治区、直辖市）的收入排名上升，其中四川首次进入前6位，湖南则连升4位，首次进入前10位，河北连升2位。

三、行业收入构成情况

（一）行业收入结构整体稳定

2015年，鉴证类与非鉴证类业务收入占行业业务总收入的比重稳定为70∶30。其中非鉴证类业务收入的增长好于总收入（14.46%＞14.27%）和鉴证类业务收入（14.46%＞14.19%）。

值得注意的是，审计业务收入2015年又创新高，达到459.3亿元（同比增收58.90亿元，增长14.71%），占鉴证类业务收入的 95.7%，占行业总收入的 66.59%。其中年报审计业务收入占审计业务收入的 70.89%，但其增速明显低于中报审计业务、专项审计业务和内控审计业务，说明事务所提供的“非年报审计业务”服务的占比正在扩大，审计工作的多样性正在逐步提高。事务所在事业单位内部审计、教育卫生系统审计、破产管理人审计、社团审计、政府绩效考核审计、造价审计、司法会计鉴定、企业资信评级、证券期货相关业务、管理会计咨询、财政购买服务等领域取得了一定进展。

2015 年鉴证类与非鉴证类业务收入构成如图 3－5 所示。2015 年行业业务收入构成明细如表 3－11 所示。

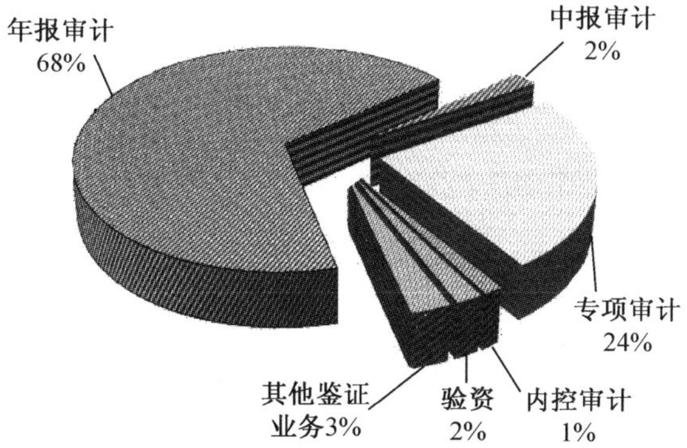

2015 年鉴证类业务收入构成

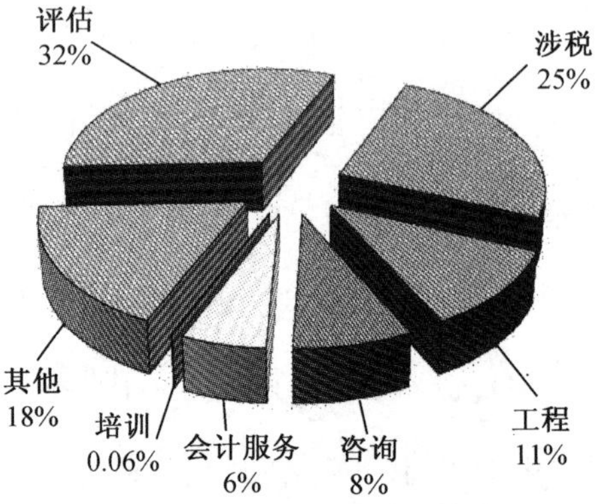

2015 年非鉴证类业务收入构成

图 3-5　2015 年鉴证类与非鉴证类业务收入构成

表 3-11　2015 年行业业务收入构成明细

金额单位:亿元

项目	金额	比重	同比增长
鉴证类业务收入	479.95	69.59%	14.19%
审计收入	459.30	66.59%	14.71%
年报审计	325.62	47.21%	10.42%
中报审计	10.05	1.46%	31.37%
专项审计	117.56	17.04%	26.19%
内控审计	6.07	0.88%	29.42%
验资收入	8.12	1.18%	-23.11%
其他鉴证业务收入	12.53	1.82%	34.01%

（续表）

项目	金额	比重	同比增长
非鉴证类业务收入	209.76	30.41%	14.46%
工程收入	66.94	9.71%	10.28%
咨询收入	52.46	7.61%	17.94%
涉税收入	23.68	3.43%	23.01%
评估收入	17.02	2.47%	4.67%
会计服务收入	12.10	1.75%	25.91%
培训收入	0.13	0.02%	−7.14%
其他收入	37.43	5.43%	14.05%
总 收 入	689.71	100%	14.27%

（二） 不同规模事务所业务收入构成略有变化

从国际经验看，大部分国际会计公司的鉴证类业务收入占总业务总收入的比重已普遍在 50%左右，其税务、咨询、企业融资、企业重整和破产、诉讼支持等非鉴证类业务的比重正逐年增加，并成为收入增长的主要拉动力。

2015 年，国内中型事务所（即年收入超过千万元但低于亿元的事务所）的收入结构（53∶47）好于行业平均水平(70∶30),这得益于工程造价、咨询收入在优化非鉴证类业务方面的贡献。而其他规模事务所的业务收入仍侧重于鉴证类业务,如排名前 25 位的大型事务所(收入≥4 亿元)的收入结构较上年虽小有改观,从 74∶26 优化为 68∶32,且略高于行业平均水平(70∶30),但仍很依赖传统审计业务。收入过亿元的 49 家大型事务所,其鉴证类与非鉴证类业务的比重则为 73∶27。

我国大型事务所与进入国际网络、国际联盟的国际大型事务所收入构成比较如表 3-12 所示。2015 年不同规模事务所业务收入构成如表3-13 所示。

表 3-12　我国大型事务所与进入国际网络、国际联盟的国际大型事务所收入构成比较　单位:亿美元

类别	收入	增幅	收入构成 鉴证∶非鉴证
国际网络前 27 家	1 626.38	2%	52∶48
国际联盟前 26 家	232.99	5%	45∶55
国内大所前 25 家	59.99	13.53%	68∶32

表 3-13　2015 年不同规模事务所业务收入构成一览表

单位:亿元

项目	1 亿元以上		千万元至 1 亿元		千万元以下	
	金额	比重	金额	比重	金额	比重
鉴证类业务收入	321.68	73.38%	59.01	53.21%	99.26	70.70%
审计收入	311.07	70.96%	55.51	50.05%	92.73	66.04%
年报审计	229.03	52.24%	32.45	29.26%	64.14	45.69%
中报审计	9.67	2.21%	0.18	0.16%	0.20	0.14%
专项审计	67.25	15.34%	22.34	20.14%	27.97	19.92%
内控审计	5.12	1.17%	0.54	0.49%	0.41	0.29%
验资收入	3.56	0.81%	0.82	0.74%	3.74	2.66%
其他鉴证业务收入	7.05	1.61%	2.69	2.42%	2.80	1.99%
非鉴证类业务收入	116.72	26.62%	51.90	46.79%	41.14	29.30%
工程收入	37.92	8.65%	22.08	19.90%	6.94	4.95%
咨询收入	25.18	5.74%	10.94	9.86%	16.34	11.64%
涉税收入	17.58	4.01%	4.18	3.77%	1.92	1.37%
评估收入	10.79	2.46%	4.59	4.14%	1.64	1.17%
会计服务收入	4.17	0.95%	2.31	2.08%	5.61	4.00%
培训收入	0.03	0.01%	0.02	0.02%	0.08	0.06%
其他收入	21.06	4.80%	7.78	7.02%	8.59	6.12%
合计	438.40	100.00%	110.91	100.00%	140.40	100.00%

（三） 部分地区收入构成持续向好

2015 年，陕西、广西、青海、江苏、重庆、湖北、云南、山西、贵州、江西和宁夏等 11 个省（自治区、直辖市）的鉴证类与非鉴证类业务创造的收入基本各占一半。除江西外，其余 10 个省（自治区、直辖市）收入构成与上年相近。

部分省（自治区、直辖市）鉴证与非鉴证类业务占全部收入情况对照如图 3-6 所示。部分省（自治区、直辖市）非鉴证类业务占比明细如表 3-14 所示。

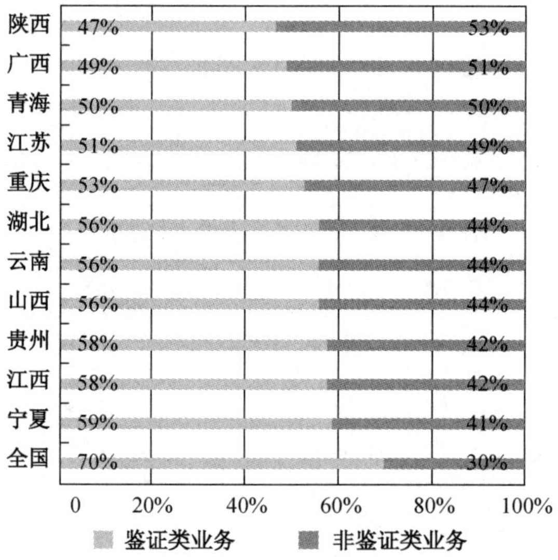

图 3-6 部分省（自治区、直辖市）鉴证与非鉴证类业务占全部收入情况对照

表 3-14　部分省(自治区、直辖市)非鉴证类业务占比明细

协会	业务总收入（亿元）	工程业务收入		评估业务收入		其他非鉴证类业务收入（咨询、涉税、会计服务、培训和其他收入）	
		金额（亿元）	比重	金额（亿元）	比重	金额（亿元）	比重
陕西	14.60	4.01	27.44%	0.15	1.02%	3.54	24.28%
广西	8.28	2.12	25.57%	0.87	10.53%	1.24	14.99%
青海	2.00	0.35	17.59%	0.07	3.50%	0.57	28.63%
江苏	49.07	9.36	19.09%	2.75	5.60%	11.73	23.91%
重庆	15.76	2.83	17.98%	1.48	9.40%	3.13	19.89%
湖北	19.29	2.71	14.04%	0.91	4.71%	4.85	25.13%
云南	14.62	2.99	20.47%	1.22	8.37%	2.20	15.02%
山西	8.77	1.19	13.53%	0.09	0.97%	2.59	29.58%
贵州	4.72	1.03	21.89%	0.26	5.61%	0.66	14.09%
江西	4.47	0.50	11.26%	0.10	2.28%	1.28	28.54%
宁夏	1.61	0.53	32.79%	0.0007	0.04%	0.13	7.94%

四、行业业务收入的趋势性表现

（一）行业集中度持续强化

2015 年，行业优势资源进一步集中到经济发达或活跃地区，尤其是完成特殊普通合伙转制的 40 家证券事务所，在品牌建设、业务结构、人才聚合和管理架构等核心竞争力方面具有极强的优势。

数据显示，北京、上海、广东、江苏、浙江、四川和山东这 7 个业务收入规模超过 20 亿元的地区，其业务收入总量合计 481.61 亿元（同比增长 14.81%），占行业业务总收入的 69.83%。特别是北京和上海两地，其 GDP 总量排名虽未进入全国前 10 位，但其行业业务收入排名却稳居全国前两位。究其根本原因在于：两地的行业集中度高、总部效应突出、资本市场活跃。

收入前百家事务所从 2006 年的 118.95 亿元增长至 2015 年的 469.01 亿元（见图 3-7），增长了近 3 倍；其收入总量占行业总收入的比重由 54%增加至 68%。另外，完成特殊普通合伙转制的 40 家证券所，2015 年业务收入合计 425.1 亿元（所均创收 10.63 亿元），占行业业务总收入的 61.63%、占前百家事务所收入的 90.64%（见表 3－15、表 3－16），且增长快于行业业务总收入增长6.29个百分点。这表明，事务所规模越大市场竞争力越强、市场占有率相应提高。

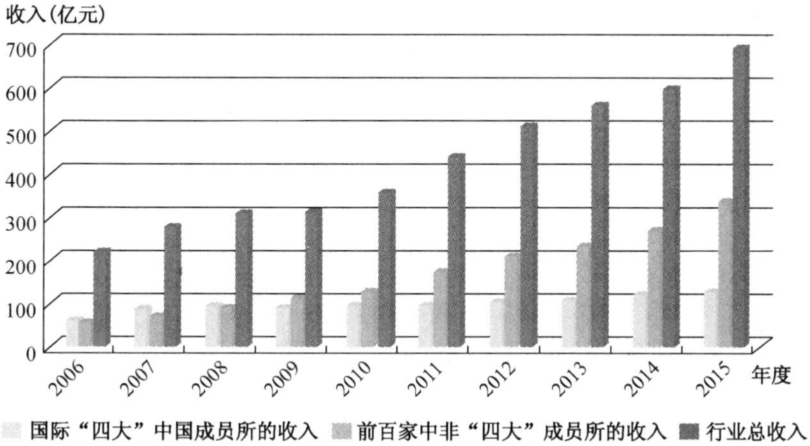

图 3-7　2006—2015 年前百家事务所业务收入趋势

表 3-15　2007—2015 年排名前百家事务所业务收入增长情况

单位:亿元

年度	业务收入	占行业业务总收入比重	增幅
2007	163.00	58.99%	37.03%
2008	194.88	62.72%	19.56%
2009	206.11	65.08%	5.76%
2010	229.95	63.56%	11.57%
2011	278.18	63.29%	20.97%
2012	316.02	62.01%	13.60%
2013	346.56	61.53%	9.66%
2014	393.70	65.23%	13.60%
2015	469.01	68.00%	19.13%

表 3-16　2015 年证券所、前百家中的非证券所业务收入对照

项目	证券所	前百家中的非证券所
业务收入(亿元)	425.10	43.91
占行业业务总收入比重	61.63%	6.37%
同比增长	20.56%	6.81%

(二) 事务所做强做大巩固深化

2015 年,业务收入超千万元的大中型事务所有 565 家(总分所合计),占事务所总数的 7.78%,创造的业务收入已占到行业业务总收入的 79.64%,同比增长 18.35%(见图 3-8)。其中,业务收入超过 20 亿元的事务所有 6 家(普华永道中天、瑞华、立信、德勤华永、安永

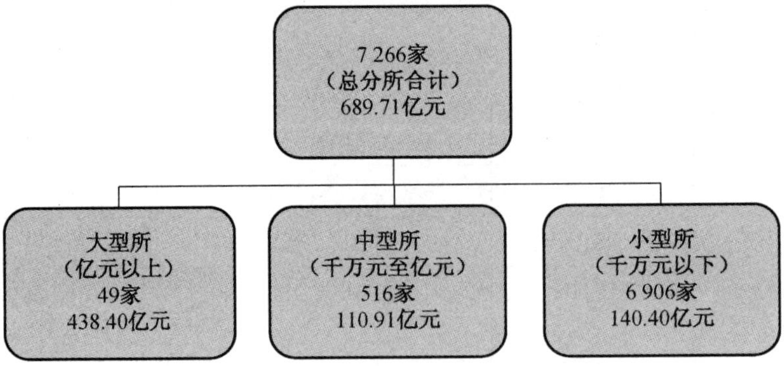

图 3-8　按收入划分事务所规模结构

华明和毕马威华振）；业务收入超过10亿元，低于20亿元的事务所有8家（天健、大华、信永中和、致同、天职国际、大信、中审众环和利安达），比上年增加2家；业务收入超过5亿元，低于10亿元的事务所有7家（中汇、北京兴华、中审华寅五洲、中天运、中兴华、中兴财光华和天衡）；业务收入超过1亿元，低于5亿元的事务所有28家；业务收入超过5 000万元，低于1亿元的事务所有35家，比上年增加1家；业务收入超过1 000万元，低于5 000万元的事务所有481家，比上年增加56家。

值得注意的是，业务收入过亿元的49家大型事务所对行业业务总收入的贡献率已超过63%，其中46家为增长态势，31家的增幅在15%以上。

对照《国际会计公报》2015年发布的信息，在国际会计网络收入排名前27位的国际会计公司中，只有6家的增幅在15%以上，最高的是300%（UC&CS美国）；在国际会计联盟收入排名前26位的公司中，只有2家的增幅在15%以上，最高的是251%（UC&CS全球）。

另外，我国有多家大型事务所可以进入国际会计网络和国际会计联盟公布的全球前 26 位排名范围。其中有 3～4 家大型所超过国际会计网络和国际会计联盟排名的第 20 位、有 11 家大型所的收入分别超过国际会计网络排名的第 25 位和国际会计联盟排名的第 24 位。这些事务所包括天健、信永中和、利安达国际等（见表 3-17、表 3-18、表 3-19）。

表 3-17　2015 年我国大型事务所与国际会计网络、国际会计联盟排名对照表之一

项目	排名	2015 年	
		达到或超过的国内事务所数量（国际“四大”中国成员所不单独参与排名，因此不参与比较）	其中：自主品牌事务所数量
对照国际会计网络	第 20 位	3 家	1 家
	第 25 位	11 家	3 家
	第 26 位	15 家	—
对照国际会计联盟	第 20 位	4 家	1 家
	第 24 位	11 家	3 家
	第 26 位	42 家	—

表 3-18　2015 年我国大型事务所与国际会计网络、国际会计联盟排名对照表之二

单位：亿美元

国际会计网络			本土大型事务所（不含国际“四大”中国成员所）			国际会计联盟		
排名	名称	收入	排名	名称	收入	排名	名称	收入
1			1			1		
			2	瑞华	6.21	……		
						11	马斯特全球联盟	6.05
……			3	立信	5.39			
16	UHY 国际	5.17						
17	罗瑞贝德国际	3.92						
						14	KS 国际	3.46
						15	华必信会计集团	3.43
18	伊柯维斯国际	3.22						
19	天健国际	3.21						
						16	Enterprise 全球	3.15

（续表）

国际会计网络			本土大型事务所（不含国际"四大"中国成员所）			国际会计联盟		
排名	名称	收入	排名	名称	收入	排名	名称	收入
			7	天健	2.97			
						17	JHI 联盟	2.86
20	信永中和国际	2.76				……		
			8	大华	2.43	20	ANTEA	2.43
			9	信永中和	2.40			
			10	致同	2.35			
			11	天职国际	2.35			
			12	大信	2.32			
21	TGS 全球	2.13						
22	Santa Fe 联盟	2.01				21	UC&CS 全球	2.01
23	UC&CS 美国	1.91						
						22	欧审国际	1.89
24	利安达国际	1.65						
			13	中审众环	1.64			
						23	康斯坦汀国际	1.62

（续表）

国际会计网络			本土大型事务所（不含国际“四大”中国成员所）			国际会计联盟		
排名	名称	收入	排名	名称	收入	排名	名称	收入
			14	利安达	1.55			
			15	中汇	1.34			
						24	帕克·兰德尔国际	1.30
25	IECnet/EPR	1.21						
			16	北京兴华	1.17			
			17	中审华寅五洲	1.15			
			18	中天运	1.14			
			19	中兴华	1.08			
26	Auren	1.07						
			20	中兴财光华	1.00			
			21	天衡	0.81			
			22	江苏苏亚金诚	0.73			
27	SMS拉美事务所	0.70				25	Abcus全球	0.65

（续表）

国际会计网络			本土大型事务所（不含国际“四大”中国成员所）			国际会计联盟		
排名	名称	收入	排名	名称	收入	排名	名称	收入
			29	中勤万信	0.48			
28	FinExpertiza	0.47						
			46	天津中审联	0.19	26	ACEE	0.19
29	Kudos国际	0.18						
			47	重庆康华	0.16			
			48	北京大地	0.16			
			49	天津倚天	0.16			
			50	北京中路华	0.15			

注：相关收入以 2015 年 12 月 31 日美元兑人民币汇率（1∶6.493 6）换算。

表 3-19　2015 年部分中国成员所与国际总所业务收入比较

单位：亿美元

事务所	国际会计网络排名	总所		本土所			
		收入	增长率	事务所	收入	增长率	对总所贡献率
普华永道	1	353.56	4%	普华永道中天	6.34	10.88%	1.79%
德勤	2	352.00	3%	德勤	5.12	6.19%	1.45%
安永	3	286.55	5%	安永华明	4.56	4.50%	1.59%
毕马威	4	244.40	−2%	毕马威华振	3.90	7.77%	1.60%
BDO 国际	5	73.04	4%	立信	5.39	20.46%	7.38%
RSM 国际	6	46.41	6%	瑞华	6.21	31.60%	13.38%
致同国际	7	46.33	−2%	致同	2.35	32.46%	5.07%
天职国际	8	38.07	7%	天职国际	2.35	25.12%	6.17%
国富浩华国际	9	35.07	2%	瑞华	6.21	31.60%	17.71%
尼克夏国际	10	30.83	0%	北京永拓	0.49	26.69%	1.59%
马施云国际	11	26.60	−1%	北京兴华	1.17	21.56%	4.40%
克瑞斯顿国际	12	20.45	0%	中汇	1.34	24.02%	6.55%
				华普天健	0.66	25.29%	3.23%

（续表）

事务所	国际会计网络排名	总所		本土所			
		收入	增长率	事务所	收入	增长率	对总所贡献率
浩信国际	13	19.10	1%	中审华寅五洲	1.15	20.48%	6.02%
鹏歌富达国际	15	10.14	−58%	大信	2.32	48.42%	22.88%
天健国际	19	3.21	36%	天健	2.97	28.06%	92.52%
信永中和国际	20	2.76	5%	信永中和	2.40	21.66%	86.96%
利安达国际	24	1.65	15%	利安达	1.55	109.96%	93.94%
合计		1 590.17		合计	56.48		

（三）新业务范围进一步拓展

2015 年，按照新业务拓展战略的整体部署，全行业大力探索新业务、新领域、新服务，并在企业内控审计与咨询、企事业单位财务内部控制、医院高校基金会审计、社团审计、管理会计咨询、预算绩效评价、司法会计鉴定、企业估值、投融资解决方案设计、税收筹划及咨询、企业流程再造、财政购买服务等方面取得一定发展。

数据显示，全行业新业务收入达到261.84亿元，占行业业务总收入的37.96%，同比增收48.48亿元，增长22.72%，超过全行业业务总收入增幅8.45个百分点，但较上年放缓了5.53个百分点。从业务结构看，已由传统审计业务逐步延伸至税务、咨询业务；从服务对象看，已由企业主体扩展至行政事业单位。2015年部分新业务收入如表3-20所示。

表3-20　2015年部分新业务收入一览表

业务类型	收入(亿元)	占总收入比重
专项审计	117.56	17.04%
内控审计	6.07	0.88%
涉税收入	23.68	3.43%
其他鉴证业务	12.53	1.82%
会计服务	12.10	1.75%
管理咨询	52.46	7.61%
其他主营业务收入	36.52	5.29%
其他业务收入	0.92	0.13%
合计	261.84	37.96%

（四）事务所国际业务明显增长

至 2015 年年底，有 19 家事务所加入了国际会计公司，有 70 余家事务所在境外或港澳台地区设立了分支机构、成员机构或联系机构近 90 余家，有 11 家事务所获准从事中国香港 H 股审计业务，有 40 余家事务所在美国公众公司会计监督委员会（PCAOB）登记执业。2015 年全行业共取得国际业务收入 90.78 亿元，同比增收 14.38 亿元，增长 18.82%。2015 年行业国际业务收入情况如表 3-21 所示。

表 3-21　2015 年行业国际业务收入一览表

单位：亿元

	收入	增幅
合计	90.78	18.82%
在大陆承接的业务	47.29	8.29%
在港澳台地区及境外承接的业务	15.55	45.74%
发展国际成员所及加入国际网络承接的业务	27.94	26.65%

五、事务所支出情况

2015 年，全行业 8 509 家事务所（含分所 1 038 家）

的成本费用合计 632.86 亿元，同比增长 14.33%，较上年同期增加了 7.96 个百分点。2015 年不同规模事务所成本费用总支出对照如表 3-22 所示。

表 3-22　2015 年不同规模事务所成本费用总支出对照

事务所规模	大型所（1 亿元以上）	中型所（千万元至 1 亿元）	小型所（千万元以下）
事务所数量（总分所合计）	49 家	516 家	6 906 家
成本费用支出合计及增幅	390.49 亿元	104.75 亿元	137.62 亿元
	21.12%	11.44%	0.35%
所均支出合计及增幅	79 691 万元	2 030 万元	199 万元
	18.59%	−0.87%	0.50%
占全年成本费用支出比重	61.70%	16.55%	21.75%

（一） 事务所规模与工资薪酬支出呈正比

2015 年，行业工资薪酬总支出 251.09 亿元，同比增长 12.95%，占事务所成本费用的 39.67%。

数据显示，49 家收入过亿元的大型事务所工资薪酬支出占行业该项支出的 56.69%，其增幅高于行业平均水平(18.53%>12.95%),其所均支出的增幅远超中小型事务所(30 589 万元>735 万元>91 万元),如表3-23所示。

表 3-23 2015 年不同规模事务所工资薪酬支出对比

	1 亿元以上	千万元至 1 亿元	千万元以下
事务所数量(总分所合计)	49 家	516 家	6 910 家
工资薪酬支出及增幅	149.89 亿元	37.94 亿元	63.26 亿元
	18.53%	10.53%	2.84%
所均支出及增幅	30 589 万元	735 万元	91 万元
	16.10%	-1.60%	2.24%
占行业工资薪酬总支出比重	59.69%	15.12%	25.19%

(二) 事务所规模与人才培养投入正相关

2015 年,事务所人才培养投入 3.94 亿元,同比增长16.22%,较上年同期增加了 8.6 个百分点,占事务所管理费用的 2.02%。注册会计师人均培训投入 3 990 元/年,同比增长 13.38%,较上年同期增加了 6.48 个百分点。2010—2015 年教育培训支出占总支出比重如图 3-9 所示,

2015年事务所人才培养支出构成如表3-24所示。

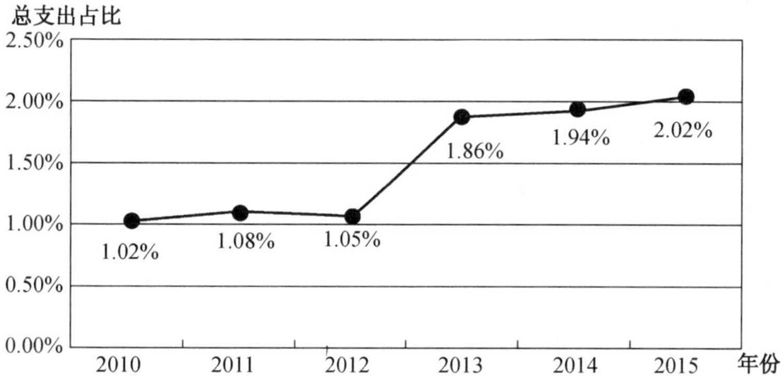

图3-9 2010—2015年教育培训支出占总支出比重

表3-24 2015年事务所人才培养支出构成

项目	金额(万元)	占总支出比重	增幅
境内培训	37 724.37	95.74%	16.59%
境外培训	1 679.53	4.26%	9.51%

数据显示,2015年,业务收入过亿元的49家大型事务所人才培养支出2.65亿元,占全行业该项支出的67.14%,其增幅明显高于上年同期水平(22.52%>6.93%);所均投入539.89万元/年,同比增长20.02%。其中,支出超过千万元的事务所共10家,除

普华永道中天、瑞华、毕马威华振、大华、天职国际、天健、信永中和和安永华明这 8 家外，立信和中审众环为首次超过。业务收入超过 1 000 万元，但低于 1 亿元的 516 家中型事务所人才培养支出 0.64 亿元，占全行业该项支出的 16.16%，其增幅明显低于上年同期水平（12.72%<30.23%）；所均投入 12.34 万元/年，同比增长仅有 0.27%。业务收入千万元以下的 6 910 家小型所人才培养投入均不足万元。2015 年不同规模事务所人才培养支出对照情况如表 3-25 所示。

表 3-25　2015 年不同规模事务所人才培养支出对照

事务所规模	大型事务所（1 亿元以上）	中型事务所（1 000万元至1 亿元）	小型事务所（1 000万元以下）
事务所数量（总分所合计）	49 家	516 家	6 906 家
人才培养支出及增幅	2.65 亿元	0.64 亿元	0.66 亿元
	22.52%	12.72%	-1.01%
所均支出及增幅	539.89 万元	12.34 万元	0.95 万元
	20.02%	0.27%	-0.64%
占全行业人才培养支出比重	67.14%	16.16%	16.70%

（三）事务所规模与信息化支出正相关

2015 年，事务所信息化建设投入 4.49 亿元，同比增长 34.03%，较上年同期增加了 25.26 个百分点。其中，审计软件开发费 0.47 亿元，同比增长 4.44%；管理信息系统开发费 2.48 亿元，同比增长 26.53%；其他技术开发费 1.54 亿元，同比增长 63.83%。数据显示，事务所用于电脑购置、计算机网络建设、网站建设和管理信息系统开发等方面的投入远大于“审计软件开发及应用”投入。2010—2015 年信息化支出占总支出比重如图3-10所示。

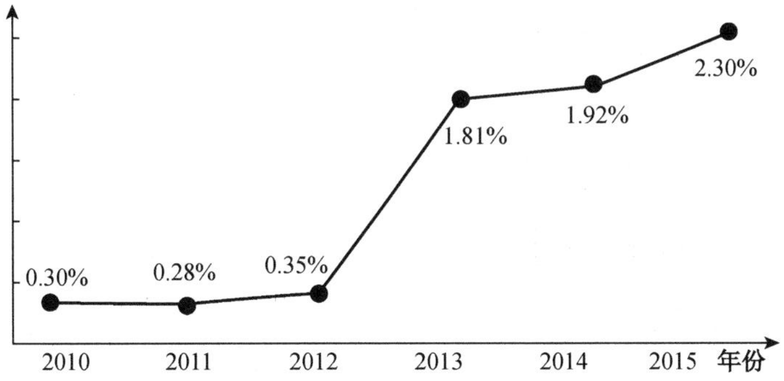

图 3-10　2010—2015 年信息化支出占总支出比重

数据表明，业务收入过亿元的49家大型事务所信息化建设支出4.08亿元，占全行业该项支出的90.9%，其增幅显著高于上年同期水平（36.97%>2.41%）；所均投入达到833.22万元/年，同比增长34.18%，其中安永华明、普华永道中天、德勤华永、毕马威华振、信永中和、大华、天职国际和立信等8家大型事务所用于信息化建设方面的支出均超过千万元。业务收入超过1 000万元、低于1亿元的516家中型事务所信息化建设支出不到亿元，占全行业该项支出的7.90%，其增幅显著低于上年同期水平（13.53%<181.82%）；所均投入6.87万元/年，同比增长仅为0.99%。业务收入千万元以下的6 910家小型事务所信息化建设所均投入则不足千元。2015年不同规模事务所信息化建设支出对比情况如表3-26所示。

表 3-26　2015 年不同规模事务所信息化建设支出对比

项目	大型所（1 亿元以上）	中型所（千万元至1亿元）	小型所（千万元以下）
事务所数量（总分所合计）	49 家	516 家	6 906 家
信息化建设支出及增幅	4.08 亿元	0.35 亿元	0.05 亿元
	36.97%	13.53%	1.24%
所均支出及增幅	833.22 万元	6.87 万元	0.08 万元
	34.18%	0.99%	1.63%
占全行业信息化建设总支出比重	90.90%	7.90%	1.20%

（执笔：姚冬萍、邵楠）

分报告四　2015年注册会计师行业人才培养工作报告

2015年，注册会计师行业培训工作紧密围绕行业"国际化建设年"主题活动，以持续"提升广大会员满意度"为出发点，着力在主动服务行业发展新形势、提升行业人才职业化水平上下功夫，深入推进行业人才队伍建设，圆满完成了2015年度培训工作任务，发挥人才培养和继续教育工作对行业服务转型升级的支撑作用。

一、扎实推进行业继续教育工作

2015年，行业继续教育工作以服务国家"四个全面"对行业服务要求为重点，以提升注册会计师服务能力为目标，紧密围绕行业服务国家"四个全面"战略布局，围绕"一带一路"等国家重点战略对行业的新要求，发挥自身优势，突出体制机制创新，全年执业注册会计师应培训101 107人次，实际培训113 922人次，培训完成率112.67%。2015年度培训任务圆满完成。

（一）深化行业人才培养规律研究

深入研究国家有关人才建设的政策文件，指导开展专业人才成长与专业服务业的研究。跟进《国际会计教育指南（1-8号）》的修订完善进程，将《中国注册会计师胜任能力指南》所规定的会计、审计、财务、税务、法律及相关知识，组织和企业知识，信息技术知识等三大知识领域，智力技能、技术和应用技能、个人技能、人际和沟通技能、组织和企业管理技能等五大技能，以及职业道德、价值观与态度和终身学习的理念，体现在继续教育工作中。结合事务所人力资源分级、分能力要素培训，以及以用促学、绩效评价、考核激励、晋升等完整的职业生涯管理体系研究，指导会计师事务所人力资源工作的开展。启动"分级分类分模块"课程体系研究，按照注册会计师职业生涯所处阶段的级别、所处岗位的类别、所需要能力模块的要素等维度，细化设计注册会计师培训课程体系，指导地方注册会计师协会、3家国家会计学院、会计师事务所实施有针对性的培训。

（二）优化行业培训资源配置

中注协、地方注协、3 家国家会计学院、会计师事务所是行业继续教育工作的四大培训主体。中注协重点开展国家和行业前沿、热点领域的引领性培训，同时依托远程教育和送教西部活动做好普及性培训；地方注协更多开展补充性、配套性、更体现地域实际要求和特色的培训；3 家国家会计学院依托雄厚教学资源，重点开展高端领域、高端对象、高端内容的培训，并配合中注协开展针对西部地区的补齐性培训；会计师事务所更多开展针对具体业务板块的实践性培训。四大主体分工明确，行业培训资源的配置不断优化。

全年共举办各类培训班 568 期，应培训执业注册会计师 101 107 人次，实际培训 113 922 人次，培训完成率 112.67%，有 17 个省（自治区、直辖市）实际培训完成率超过 100%。其中，参加中注协远程培训的总数为 22 889 人次，占培训总人次数的 20.09%；参加国家会计学院培训总数为 11 703 人次，占培训总人次数的 10.27%；地方注协自主举办培训班培训 47 369 人次，占培训总人次数的 41.58%；具有内部培训资格的 190 家事务所内部培训 18 006 人次，占培训总人次数的 15.81%；网络培训、"产出法"培训等其他形式培训 13 955 人次，占培训总人次数的 12.25%。各主体培训比重如图 4-1 所示。

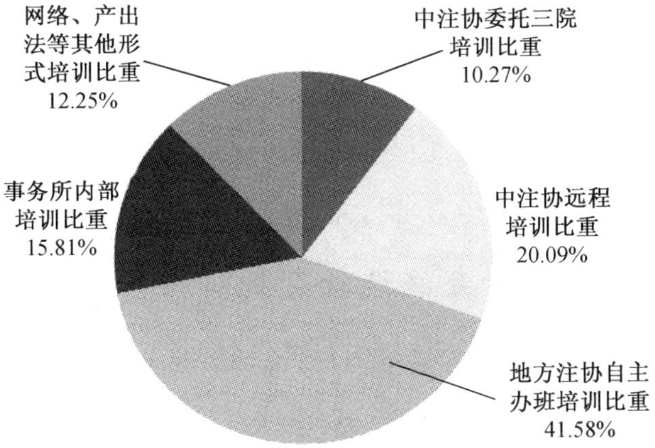

图 4-1　各主体培训比重

（三）扩大行业继续教育普惠度

在完成继续教育行业全覆盖的同时，行业继续教育对特定地域、特定规模事务所采取政策倾斜。针对不同地域，启动"送教西部"培训工程，向 6 个西部地区等行业继续教育“洼地”直接送教，2015 年共送教培训 1 160 人。向中东部地区送新专题课程包、送优秀师资。推动行业发达地区与欠发达地区互帮互助，做好行业继续教育工作的“填平补齐”，2015 年共送新专题课程包 20 余个，优秀师资 70 余人。针对不同规模事务所，开展“中小事务所定向培训班”，针对中小规模事务所开展培训。特别考虑到中小事务所继续教育经费紧张的实际问题，由中注协承担食宿费和培训费，地方注协解决培训交通费用，2015 年共举办 3 期，培训学员 648 人。

（四） 提升行业继续教育针对性

针对注册会计师发展的阶段特征，推动行业继续教育使其更加适应行业的发展要求，更加契合广大注册会计师和从业人员职业生涯每个阶段、不同业务领域的胜任能力素质要求。

提高培训对象针对性，新增新批注册会计师、事务所助理人员、质量控制人员、事务所党组织书记等培训班，细化培训对象与形式，按照一般注册会计师、经理（包括项目经理、高级经理）、质量控制负责人、合伙人等级别分别培训，针对品牌（市场）负责人、国际业务负责人、人力资源负责人等进行专项培训。

提高班型设置针对性，针对不同培训内容和培训要求，设置不同类型的培训；针对行业普及型课程内容设置远程教育班；针对品牌建设、文化建设、事务所"走出去"等行业发展高端前沿课题，设置研修班，通过对热点问题的研究讨论，深化和提升认识，促进形成共识；针对特殊领域、高端需求、高技术含量、高附加值业务，设置研讨班，对需要达成共识的行业问题进一步研究探讨；针对非执业会员，设置网络课程，适应非执业会员对培训的特殊需求。

提高培训内容针对性，针对国家经济、政治、文化、社会、生态建设和党的建设领域，推出财政投资评审和绩效评价、事业单位鉴证咨询、医疗卫生机构和大专院校审计咨询、基金会等非营利组织审计、涉农资金鉴证咨询、高新企业认证、环境审计、碳排放计量与鉴证、并购重组与破产管理、纪检监察部门尽职调查、经济犯罪案件鉴证等司法会计鉴证、领导干部离任审计、中小企业管理咨询，以及人力资源管理、品牌建设、合伙文化建设、内部治理机制建设、做强做大与“走出去”等培训新专题，提升事务所的组织能力和服务国家建设的专业服务能力，助力行业服务由传统审计验资向服务国家全面深化改革的转型升级。

提高培训形式针对性，顺应拓展新业务、提升业务能力的需要，设计包括理论框架与实务操作、政策法律与市场需求、执业准则与技术方法有机结合的专题课和“业务打包式”课程。提升案例教学、实务教学在课程中的比例，对事务所承接相关业务提供系统指导。强化培训班、研讨班、研修班等培训需求的不同，强化授课教师与学员、学员与学员之间的教学互动，让学员带着问题来研讨，带着成果和解决方案回一线。

（五） 增强行业继续教育师资力量

优秀师资是培训效果的重要保障。“十二五”期间，开发注重理论与实务相结合、侧重案例教学的事务所一线师资资源，这类师资占全部继续教育师资的比重接近70％。开发了一批新领域、新内容师资资源，以 2015 年远程教育培训班为例，新师资占全部师资比重的82%。培养了一批订制课程师资，中小事务所主任会计师为代表的中小企业服务领域师资、行业领军人才为代表的风险导向审计与职业判断领域的师资在全国范围巡回授课。培养了一批国家会计学院新师资，以上海国家会计学院为例，2015年新增专题7个，新增授课教师35位，更新课程39门。师资力量不断增强，有效保障了行业继续教育满意度的不断提升。

（六）继续开展非执业会员培训

提高非执业会员的专业素质是行业人才培养的重要工作。各级注协依托国家会计学院网络教学资源，与专业培训机构合作共同搭建非执业会员继续教育平台。2015年各地注协组织非执业会员实际培训49 239人次，培训完成率为43.51%。其中，甘肃注协的非执业会员培训完成率达到100%，广西、江苏、上海、浙江、宁夏、云南、福建、北京、河南超过60%。中注协与上海国家会计学院合作开发了“海外非执业会员培训平台”，根据供需对接原则提供课程包，为海外会员开设网络课程。

二、深入实施行业领军人才培养工程

领军人才是引领行业人才队伍建设和行业科学健康发展的“领头羊”。中注协以领军人才“联系、服务、使用、反哺”工作机制为保障，完善领军人才培养理念，优化领军人才选拔机制，探索领军人才选拔方向，2015 年选拔培养新方向——管理会计咨询方向学员 1 批；组织开展首期集中培训、境外培训、联合集中培训、行业热点问题报告会、学员精英讲堂等各类培训班、论坛 6 期；组织主任会计师二期学员毕业考核；完成领军人才培养工作十年总结。

（一） 探索分类选拔

2015 年，在原有的领军（后备）人才、领军人才（主任会计师）、领军（后备）人才（金融审计方向）3 个方向的基础上，为响应楼继伟部长提出的“打造中国会计工作‘升级版’的重点就在于大力培育和发展管理会计”号召，结合企业客户精细化管理和发展战略，以及行业咨询业务拓展和服务转型积蓄骨干力量的需要，开展管理会计咨询方向学员的选拔。选拔采取申报材料评审和面试相结合的方式，共有来自50家事务所的182人报名，其中符合报名条件、通过初审的有174名。根据材料评审结果，71名考生参加面试。共有20位来自政府部门、企业界、实务界、学术界、协会及英文方面的专家作为考官，最终选拔出36名管理会计咨询方向学员。

（二）优化选拔机制

一是选拔对象更加严格。在2014年将金融审计方向选拔条件提高为高级经理级别以上的基础上，2015年对管理会计咨询方向考生从事相关业务年限、事务所工作年限提出了具体要求。

二是选拔条件更加完备。要求事务所和客户提供推荐意见，对报名人员的执业情况、诚信记录等进行审核。同时，对报名人员的综合素质申报材料，特别是英语能力、专业能力、职业特长、学术能力、服务贡献等情况进行综合评价。

三是选拔测试内容更加全面。从宏观视野与战略思维能力，专业知识与执业技能，职业道德、价值观与态度，以及全面领导力等要素全面考察考生。

四是组织工作更加细化。邀请来自政府部门、企业界、实务界、学术界的知名专家命题阅卷、担任面试考官，全视角考察选拔人才。命题、试卷印制和阅卷严格保密，与参与专家签订保密协议书，保密印制试卷，专人专岗负责选拔测试工作。

（三） 精心设计培训

培训课程以专业方向为核心，同时安排领导力建设、宏观热点分析等课程。突出专业特色，打造专家型人才，培训内容包括会计审计理论及实务前沿、注册会计师行业发展、管理会计咨询等专业领域理论概述、案例分析、实务操作等；深化宏观与热点领域学习，打造复合型人才，培训内容包括国家宏观政策及战略布局解读、“互联网＋”对未来社会的影响、PPP 项目及发展前景、国家税收政策解读等；强化综合素质提升，打造领导型人才，培训内容包括领导力提升训练、中国传统文化与国学、演讲艺术、商务礼仪、谈判技巧等。形成理论知识与执业实务、专业技能与综合知识、职业能力与整体素质的立体结合；开展境外培训，打造国际性人才，围绕国际会计审计发展前沿、行业监管政策动向和资本市场热点，把握行业动态和前沿技术，实地主题走访境外监管部门、准则制定机构、职业组织、企业、会计公司等，拓展学员国际视野。2015年，各类培训形成的小组论文、培训简报、班级总结、个人论文等文字成果累计超过40万字。

（四）搭建交流平台

通过竞选班委会、团队拓展训练、学员主题论坛、跨界论坛、圆桌对话/小组选题研究、班级重大活动展示和结业汇报会等活动，充分发挥学员的主观能动性，让学员在领军这个平台上的学习交流中完成思想、知识、技能、观念的洗礼。邀请审计署、国资委、证监会、银监会等相关政府部门骨干随班培训，组织参加全国会计领军人才各系列联合集中培训，到建设银行总部、中车集团等大型国企考察，实现学员的跨界交流，强化了行业领军人才的理解力、沟通力、领导力和团队协作力，增进了部委相关业务部门和企业界对行业的了解和职业的理解以及重大专业判断上的共识。

（五） 开展毕业考核

根据《全国会计领军（后备）人才培养工程毕业考核办法（试行）》要求，建立了包括个人信息、执业情况、学习情况、助力政府、反哺行业、服务社会 6 个方面的领军人才管理台账，对完成 6 年培养的行业领军人才进行毕业考核，同时考虑社会影响、行业影响等 6 项加分因素，全面反映行业领军人才经过 6 年的系统培养在提升个人素质、参与事务所建设、引领行业发展等方面取得的进步和成绩，并依据考核结果实施“末位淘汰”。2015 年，在主任会计师二期 25 名学员中，24 人通过考核顺利毕业，1 人被淘汰。

（六） 畅通成才通道

在开展 6 年培养的同时，注重发挥注册会计师的业务实践型特点，坚持“以用促学”“用中成才”，鼓励领军人才参与包括准则制定、专家咨询、行业执业质量检查、继续教育授课等行业工作，以及推荐领军人才参与政府部门政策咨询、代表行业参政议政、进入国际职业组织工作等，在实践中提升能力。

目前，在 356 名行业领军人才中，13 人成为各级人大代表、政协委员、党代表，2 人成为全国工商联等全国性人民团体委员（代表），2 人担任国际会计组织委员（或技术顾问），有 46 人次担任财政部、证监会等部门、单位咨询专家，36 人次参与财政部以及行业协会组织的执业质量检查，57 人次担任行业专业（专门）委员会委员，18 人担任专业院校注册会计师方向导师，12 人次参与行业青年专家服务团活动，30 人次参加“送教西部”项目，支援老少边穷地区会计行业建设，上百人次参与行业各类考试命题阅卷和继续教育授课，为国家大政方针献计献策，为政府部门决策提供咨询，为经济社会发展提供专业服务，为行业发展发挥表率作用。

2015 年行业领军人才培训情况如表 4-1 所示。

表 4-1　2015 年行业领军人才培训情况统计

培训班名称	主要内容	参加人员	培训时间	人次
行业热点专题报告会	国际审计报告准则新变化、磋商型政府采购方式	全体行业领军班学员	6 月 5 日	310
行业领军人才（管理咨询方向）首期集中培训班	管理会计、宏观与热点、综合素质	首批管理会计咨询方向领军班学员，国资委、证监会推荐随班学员	7 月 20～31 日	46
行业领军人才第十期境外（加拿大）培训班	金融市场发展与金融监管、金融审计业务实践	第四批金融审计方向领军班学员	9 月 6～26 日	20
全国会计领军（后备）人才第十次联合集中培训	宏观与热点、综合素质、管理会计	全体在培行业领军班学员，国资委、证监会、银监会推荐随班学员	11 月 1～5 日	206
学员精英讲堂	中国金融业全球化发展与注册会计师专业服务	全体在培行业领军班学员，国资委、证监会、银监会推荐随班学员	11 月 2 日	206
学员精英讲堂	经济新常态下管理会计助力财务转型	全体在培行业领军班学员，国资委、证监会、银监会推荐随班学员	11 月 4 日	206
合　计				994

同时，地方注协也结合本地区经济发展状况和市场需求，积极开展本地区高端人才培养工程，逐步建立起梯次化行业领军人才培养体系。全国21个省(自治区、直辖市)开展了本地区注册会计师领军人才选拔和培养工作，共选拔培养2 797名地方领军人才。

三、持续开展后备人才培养项目

后备人才是注册会计师行业的未来。作为注册会计师行业后备人才的培养基地，注册会计师专业方向院校承载了行业未来的希望。经过20年建设，在中注协与专业方向院校的共同努力下，在财政专项资金的带动下，"学生境外实习、师资培训、教学质量评估、共建实习基地"四位一体的后备人才培养机制已经建立，并取得良好效果。目前，全国共有19所注册会计师专业方向院校、4所联系院校，累计培养学生3万余名，向行业输送了一批优秀专业人才。2015年，中注协探索后备人才培养工作新机制，举办了2015年度(第11期)注册会计师专业方向核心课程师资培训班，完成注册会计师专业方向师资培训班暨 TTT 项目 10 周年纪念活动，开展了注册会计师专业方向院校学生境外实习项目，组织了 2015 年度注册会计师专业方向学生境外实习出境前培训。

（一） 探索后备人才培养工作新机制

在对注册会计师专业方向院校不再进行财政专项资助后，探索建立“项目管理、专项资助、各方参与、互利互助”的项目资助办法，推动引导院校、学生、事务所、各级注协参与到行业后备人才培养工作中来。同时，研究注册会计师行业与高校合作的指导性文件，探索后备人才培养工作新机制。

（二） 开展专业方向核心课程教师培训

中注协与特许公认会计师协会、英格兰及威尔士特许会计师协会等境外会计职业组织合作，举办师资培训班，累计培训教师 216 人次。2015 年举办的 CPA 专业方向师资培训班，共有 25 所院校的 44 位教师参加培训，较 2014 年 36 人增长 22%。与以往相比，本次培训班在培训内容上更加丰富且具有前瞻性，培训主题紧跟时下热点，兼具理论高度和实务经验，课程包含国际会计和审计准则更新、公司治理及风险管理、企业预算管理和绩效管理、“互联网+”财务管理、大学生职业生涯规划辅导等，对院校课堂教学产生头脑风暴效应。在教学方式上更加新颖，以案例教学为主，课堂组织好，有的课程将互动游戏带入课堂，为院校改进教学方法提供了大量模板。在主题走访上更加深入，课堂教学搬进深交所、平安集团、金蝶公司、华为集团等4家企业（单位）现场，走访单位专题讲授与学员互动相结合，学员不仅体会到企业财会管理的最新思想和趋势，也了解了企业先进的学习型组织建设做法以及人力资源管理和培训理念。

培训期间，还与特许公认会计师协会合作举办师资培训项目10周年纪念活动，联合发布了共同策划、设计、编写的《管理会计：新思维新价值》；总结了专业方向院校建设20周年成就，编写发送了《注册会计师专业方向院校建设20周年纪念册》。

（三）选送优秀学生到境外实习

学生境外实习项目是行业后备人才培养工作的“金

字招牌”，是莘莘学子选择进入注册会计师专业方向学习，选择进入注册会计师行业工作的重要因素。自 2005 年开设以来，境外实习项目已经举办了 11 期，共有 900 余名学生到境外实习工作。2015 年，针对境外实习学生选择到行业外就业与会计师事务所希望在行业内就业的矛盾，在选派方式上，在中注协选拔测试择优推荐（推荐选派）的基础上，增加由会计师事务所选派已签订入职协议的学生直接参加境外实习（直接选派）的新形式。2015 年共征集实习名额 65 个（1 个最后放弃），其中 49 个名额为组织 19 所专业方向院校择优推荐的 72 名学生选拔测试产生，另有 15 名已与事务所签订入职协议的学生列入直接选派参加境外实习。这样既保证了境外实习学生的质量，也激发了会计师事务所提供实习机会的热情。据统计，境外实习学生将会计师事务所作为第一就业选择的比例超过 70%。在管理上，进一步完善出境实习管理制度，起草《学生境外实习班组管理要求》，根据地区对实习学生进行分组，设立组长，并成立班委会，实现以点带面的“渔网式”管理模式，提高沟通效率，实时掌握每一位出境实习学生的时空动态。

2015 年度（第 11 期）注册会计师专业方向境外实习情况统计如表 4-2 所示。

表 4-2　2015 年度（第 11 期）注册会计师专业方向学生境外实习情况统计

选派方式及名额分派				入选学校及人数	
征集名额	直接选派名额	推荐选派名额	放弃名额		
65	15	49	1	北京工商大学	3
				首都经贸大学	2
				中央财经大学	5
				安徽财经大学	2
				东北财经大学	5
				湖南大学	3
				吉林财经大学	6
				暨南大学	4
				江西财经大学	4
				辽宁大学	4
				上海财经大学	3

（续表）

选派方式及名额分派				入选学校及人数	
征集名额	直接选派名额	推荐选派名额	放弃名额		
65	15	49	1	天津财经大学	6
				武汉大学	1
				西安交通大学	3
				西南财经大学	3
				中南财经政法大学	4
				中山大学	6

注：1. 直接选派：为本年度学生境外实习项目提供名额的国际会计公司对应的国内会计师事务所，在不超过提供名额的范围内，可以选派已经与之签约的注册会计师专业优秀应届本科毕业生，参与境外实习项目。本期安永、毕马威、普华、瑞华参与了直接选派方式。

推荐选派：在直接选派环节后，针对剩余境外实习名额，以 1∶2 的比例，向 19 所注册会计师专业方向院校平均分配名额，由其择优推荐注册会计师专业应届本科毕业生，中注协组织专家命题、面试，依据成绩排名，选派优秀学生参与境外实习项目。本期除厦门大学、复旦大学外其余 17 所高校均入选。

2. 放弃名额实习地为纳米比亚。

（四）推动开展务实合作项目

近年来，一些地方注协、会计师事务所与高校定向共建学生实习基地，实现高校与会计师事务所人才对接，为行业高素质后备人才队伍建设提供畅通渠道。2014 年 6 月中注协对行业后备人才培养工作调查统计，全国有23家地方注协与当地高校开展了行业后备人才合作；6家地方注协制定了9个行业后备人才培养文件；6家地方注协设立了行业后备人才培养专项资金共计435万元；6家地方注协与14家地方院校合作开设了注册会计师专业方向班，累计培养学生近4 000名。

（执笔：白晓红、宋祉健、李超、李丽、刘栩）

分报告五　2015 年注册会计师全国统一考试分析报告

注册会计师全国统一考试是注册会计师职业准入和人才培养的重要环节。2015 年，注册会计师全国统一考试工作继续以“打造国内顶尖的职业资格考试品牌”为目标，深化考试质量保证体系改革，提升考试质量，完善考试管理服务机制，组织实施各项工作安全、平稳完成，向行业和社会培养和输送会计专业人才。

一、考试报名及出考情况分析

（一） 总体情况

从报名情况看，2015 年注册会计师全国统一考试专业阶段考试有 77.7 万人报名，累计报考科次达到 203 万科次，其中首次报考考生人数为 35.6 万人；综合阶段考试有 1.94 万人报名。从出考情况看，2015 年专业阶段考试出考 32.4 万人、66 万科次，平均出考率为

32.38%;综合阶段考试出考1.46万人,平均出考率为75.2%。总体来看,2015年考试报名人数、报考科次与2014年相比显著增加,出考率则有所下降。具体情况如表5-1所示。

表5-1　2014—2015年注册会计师考试报名及出考情况

项目＼年度	2015		2014	
	专业阶段	综合阶段	专业阶段	综合阶段
报名人数	77.7万人 203万科次	1.94万人	60.7万人 162万科次	2.55万人
出考人数	32.4万人 66万科次	1.46万人	29.5万人 60万科次	1.94万人
出考率	32.38%	75.2%	38%	77%

(二) 结构分析

从报名考生职业性质来看,来自企业的考生占报名总人数的比例达到46.05%,来自会计师事务所的考生为8.54%,来自行政事业单位的考生为12.85%。

从报名考生专业类别来看,在会计审计类、财经类和非财经类三大专业类别中,会计审计类的报名考生占比达到54.52%。

从报名考生学历来看，本科及以上学历报名考生占报名总人数的比例约为 77.09%，其中本科学历考生占报名总人数的比例约为 69.85%，占绝大多数。

从报名考生职称来看，初、中、高级职称考生占报名总人数的比例分别为 23.15%、12.74%、0.72%。

从报名考生年龄来看，绝大部分考生年龄都在 45 岁以下，其中 35 岁以下的报名考生占报名总人数的 89.45%。

从报名考生性别来看，女性考生达到 68.13%。

从报名考生所在地域来看，报名考生人数最多的地区为北京、广东、上海、江苏和山东，这 5 个地区的报名人数总和约占报名总人数的 43.97%；报名人数较少的地区为西藏、青海、宁夏，报名人数总和不到 5 000 人，不到全国总数的 1%。

二、考试结果情况分析

（一） 总体情况

计算机化考试的实施，有效提高了考试的组织管理水平。2015 年中国注册会计师协会推广考场自动编排，充分利用优质机位资源，在考生人数猛增的情况下，为考生营造了良好的考试环境。考试期间，全国绝大部分考区网络通畅，供电正常，机器设备运行正常，考场秩序井然。机考组织实施各责任主体、各环节之间的沟通与合作顺畅，及时妥善处理了机考中出现的突发情况，各项工作衔接有序、保障有力、平稳顺利。

2015 年注册会计师全国统一考试专业阶段单科平均合格率为 23.56%，约有 15 万人次取得单科合格成绩，有 17 578 人累计通过专业阶段 6 科考试，取得专业阶段考试合格证书[①]；有 11 570 人通过综合阶段考试，取得注册会计师全国统一考试全科合格证书，合格率为 79.21%。截至 2015 年，累计已有 20.5 万人通过注册会计师全国统一考试。

① 这里指 2015 年新增 17 578 人完成专业阶段 6 科考试从而取得专业阶段考试合格证书，既包括 2015 年一次性通过 6 科考试者，也包括在单科成绩 5 年有效期内累计完成 6 科考试者。

（二） 结构分析

从考生职业性质来看，会计师事务所的考生专业阶段单科平均合格率为 32.08%，企业的考生为22.04%，行政事业单位的考生为 25.51%。会计师事务所的考生合格率明显高于整体平均水平。

从考生专业来看，会计审计类考生专业阶段单科平均合格率为 21.36%，低于财经类考生专业阶段单科 25.58%的平均合格率水平。

从考生学历来看，硕士研究生及以上学历考生专业阶段单科平均合格率为 32.18%，本科学历考生专业阶段单科平均合格率为 24.16%，大专学历考生专业阶段单科平均合格率为 14.65%，考试成绩与考生学历呈现正比例关系。

从考生性别来看，女性考生专业阶段单科平均合格率为 21.48%，男性考生专业阶段单科平均合格率为 25.47%。

在高分考生中，从事会计、审计工作考生所占比例高于其在报名人数中所占比例。在专业阶段 6 个科目前

10 名考生中，有 14 名从事会计、审计工作，占比接近 1/4；在综合阶段考试前 10 名考生中，有 4 名从事会计、审计工作。

三、考试发展趋势分析

表 5-2 列示了“十二五”期间（2011—2015 年）注册会计师考试专业阶段考试的基本数据。

表 5-2　2011—2015 年注册会计师考试专业阶段数据统计

年度	报名人数（万人）	出考人数（万人）	专业阶段合格人数（人）（截至当年累计）	专业阶段单科平均合格率
2011	55.2	26.6	9 980	25.61%
2012	54.2	29	14 730	26.58%
2013	57	27.9	16 751	21.03%
2014	60.7	29.5	10 079	17.61%
2015	77.7	32.4	17 578	23.56%

图 5-1、图 5-2 分别列示了 2011—2015 年注册会计师考试专业阶段考试的趋势性信息。

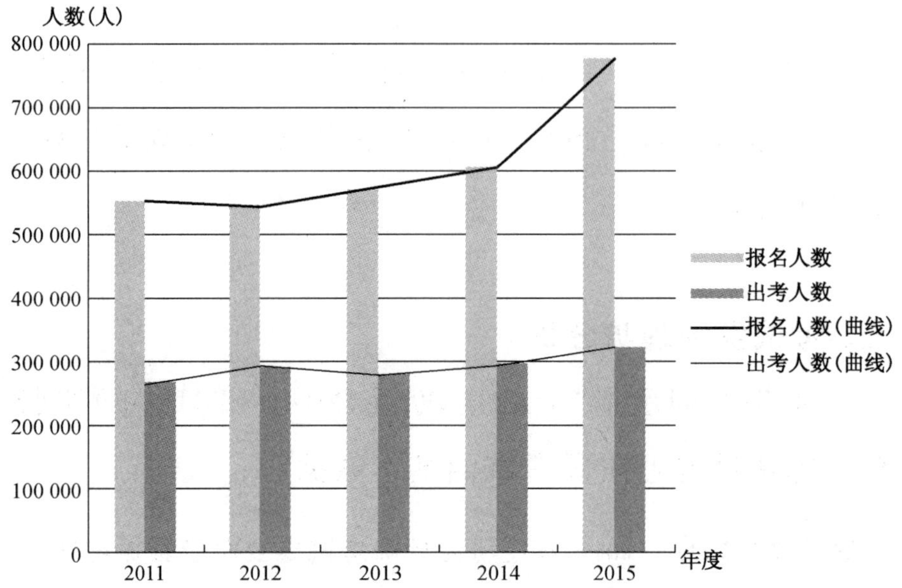

图 5-1　2011—2015 年注册会计师考试专业阶段考试报名和出考人数

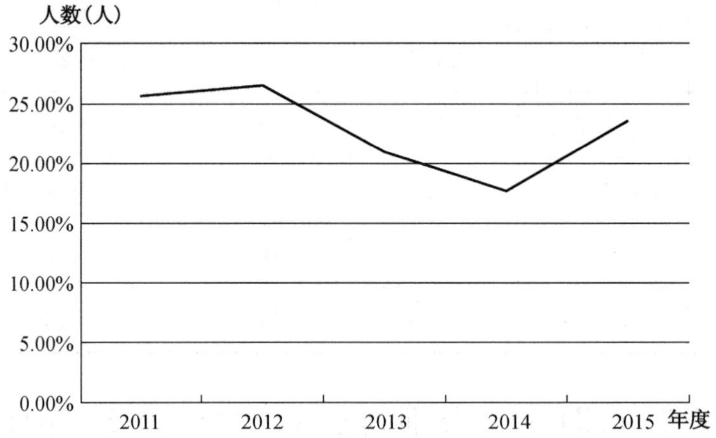

图 5-2　2011—2015 年注册会计师考试专业阶段考试单科平均合格率趋势

从图 5-1、图 5-2 可以看出，专业阶段考试报名人数总体呈现增长趋势，2015 年增幅更为明显。出考率年度之间基本保持稳定，随着报名人数增加略有下降。单科平均合格率则在一定区间范围内适当变化，基本保持了稳定。累计通过专业阶段 6 科考试取得专业阶段考试合格证书的人数，除了个别年度外，长期来看基本保持了增长的趋势。

从综合阶段考试来看，考生需要通过专业阶段 6 科考试后，才能参加综合阶段考试。因此，综合阶段考试报名人数与专业阶段考试合格人数紧密相关。但由于两个阶段的测试目标和测试重点有所不同，综合阶段考试呈现出的特点和规律与专业阶段并不完全相同。表 5-3 列示了 2011—2015 年综合阶段考试的基本数据。

表 5-3　2011—2015 年注册会计师考试综合阶段数据统计

年度	具有报名资格人数（人）	报名人数（人）	出考人数（人）	合格人数（人）	合格率
2011	6 940	6 726	5 991	3 264	54.48%
2012	13 655	12 948	11 695	4 812	41.15%

（续表）

年度	具有报名资格人数（人）	报名人数（人）	出考人数（人）	合格人数（人）	合格率
2013	23 736	22 269	18 384	12 336	67.1%
2014	28 154	25 459	19 475	15 016	77.1%
2015	29 266	19 422	14 606	11 570	79.21%

图 5-3 和图 5-4 列示了综合阶段考试的趋势性信息。可以发现，综合阶段考试报名人数在持续数年增长后出现小幅回落，但幅度不大。

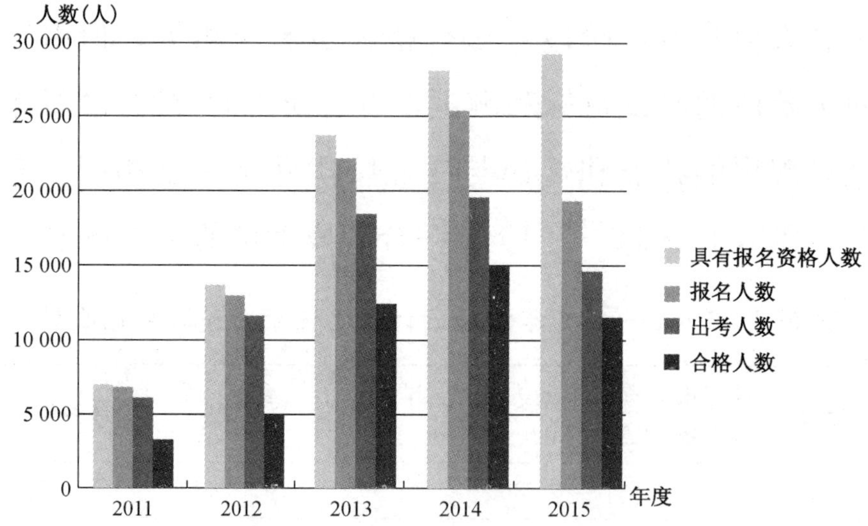

图 5-3　2011—2015 年注册会计师考试综合阶段考试报名、出考和合格人数

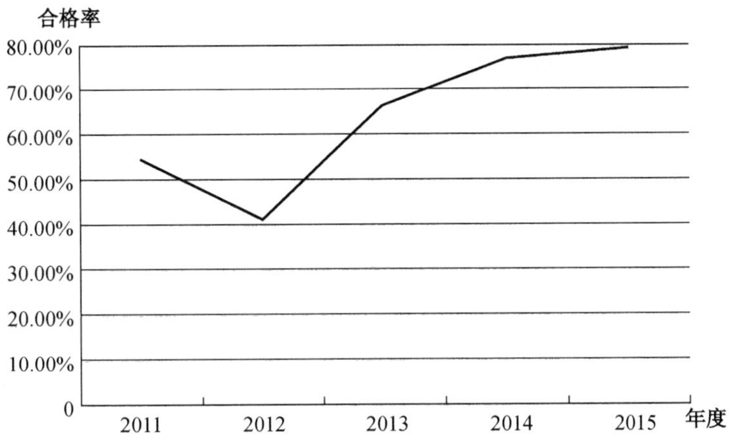

图 5-4　2011—2015 年注册会计师考试综合阶段考试合格率趋势

（执笔：易琮、万俊杰、丛涛）

分报告六　2015 年上市公司审计情况分析报告(一)

——财务报表审计情况分析

2015 年 1 月 1 日至 5 月 4 日，沪深两市共有 2 667 家上市公司对外披露了 2014 年度财务报表审计报告。其中，沪市主板 1 025 家、深市主板 480 家、深市中小企业板 740 家、深市创业板 422 家。2015 年，共有 40 家证券资格会计师事务所(以下简称证券所)参与上市公司 2014 年年报审计工作。

一、财务报表审计报告意见类型

在证券所出具的 2 667 份上市公司 2014 年度财务报表审计报告中，标准审计报告 2 569 份，非标准审计报告(以下简称非标报告)98 份。在 98 份非标报告中，带强调事项段的无保留意见审计报告 71 份，保留意见审计报告 18 份，无法表示意见审计报告 9 份。5 年来，注册会计师从未出具否定意见审计报告。具体如表 6-1 所示。上市公司 2013 年度财务报表非标报告的数量与比例分别为 87 份和 3.43%,2014 年度财务报表非标报告的比例与 2012 年度和 2013 年度相当,略有提高(见图 6-1)。

表 6-1　2010—2014 年度上市公司财务报表审计报告意见类型总体情况

年度		标准审计报告	非标准审计报告							总计
			无保留意见+强调事项段	无保留意见+其他事项段	无保留意见+强调事项段+其他事项段	保留意见	无法表示意见	否定意见	小计	
2014	数量	2 569	71	0	0	18	9	0	98	2 667
	比例	96.33%	2.66%	0	0	0.67%	0.34%	0	3.67%	100%
2013	数量	2 450	57	0	0	23	7	0	87	2 537
	比例	96.57%	2.25%	0	0	0.91%	0.28%	0	3.43%	100%
2012	数量	2 404	71	0	0	15	3	0	89	2 493
	比例	96.43%	2.85%	0	0	0.60%	0.12%	0	3.57%	100%

（续表）

年度		标准审计报告	非标准审计报告							总计
			无保留意见＋强调事项段	无保留意见＋其他事项段	无保留意见＋强调事项段＋其他事项段	保留意见	无法表示意见	否定意见	小计	
2011	数量	2 247	90	1	1	19	4	0	115	2 362
	比例	95.13%	3.81%	0.04%	0.04%	0.80%	0.17%	0	4.87%	100%
2010	数量	2 011	86	0	0	25	7	0	118	2 129
	比例	94.46%	4.04%	0	0	1.17%	0.33%	0	5.54%	100%

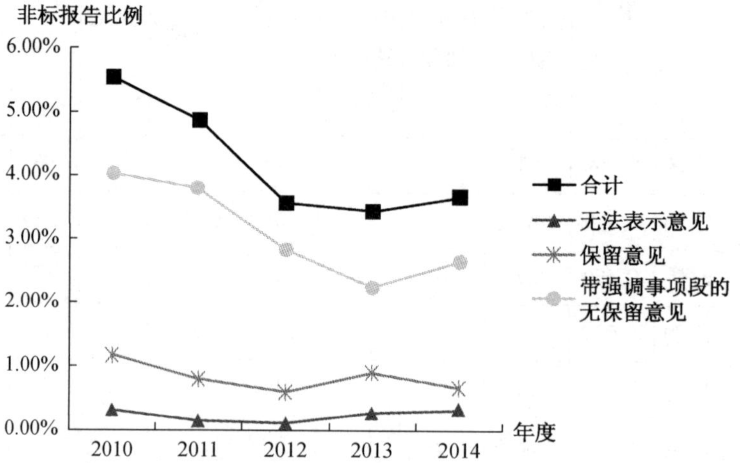

图 6-1　2010—2014 年度非标报告比例变动趋势

二、财务报表审计前后的数据调整

根据证券所业务报备信息，披露 2014 年财务报表审计报告的 2 667 家上市公司，注册会计师提出的审计调整建议中，建议调整的利润总额合计 371 亿元，调整的应交税费合计 178 亿元，调整的资产总额合计 2 937 亿元。

（一） 利润总额审计调整 371 亿元

2 667 家上市公司审计前利润总额为 33 627 亿元，审计后利润总额为 33 410 亿元，净调减利润 217 亿元。其中，审计调增额 77 亿元，占审计前利润总额的 0.23%；审计调减额 294 亿元，占审计前利润总额的 0.87%；调整利润总额 371 亿元，占审计前利润总额的 1.10%。审计后利润总额调减的上市公司有 1 007 家，占上市公司总数的 37.76%。具体如表 6-2 所示。

表 6-2　2010—2014 年度上市公司利润审计调整总额

年度	上市公司家数	利润审计调整总额(亿元)	利润审计调整比例
2014	2 667	371	1.10%
2013	2 537	354	1.13%

（续表）

年度	上市公司家数	利润审计调整总额（亿元）	利润审计调整比例
2012	2 493	231	0.85%
2011	2 362	210	0.80%
2010	2 129	286	0.72%

（二） 应交税费审计调整 178 亿元

2 667 家上市公司审计前应交税费为 7 010 亿元，审计后为 7 146 亿元，净调增应交税费 136 亿元。其中，审计调增额 157 亿元，占审计前应交税费的 2.24%；审计调减额 21 亿元，占审计前应交税费的 0.30%；调整应交税费总额 178 亿元，占审计前应交税费的 2.54%。审计后应交税费调增的上市公司有 894 家，占上市公司总数的 33.52%。具体如表 6-3 所示。

表 6-3 2010—2014 年度上市公司应交税费审计调整总额

年度	上市公司家数	应交税费审计调整总额（亿元）	应交税费审计调整比例
2014	2 667	178	2.54%
2013	2 537	234	3.85%

（续表）

年度	上市公司家数	应交税费审计调整总额(亿元)	应交税费审计调整比例
2012	2 493	162	2.99%
2011	2 362	150	2.64%
2010	2 129	137	3.34%

（三） 资产总额审计调整 2 937 亿元

2 667 家上市公司审计前资产总额为 1 503 859 亿元，审计后资产总额为 1 502 322 亿元，净调减资产总额 1 537 亿元。其中，审计调增额 700 亿元，占审计前资产总额的 0.05%；审计调减额 2 237 亿元，占审计前资产总额的 0.15%；调整资产总额 2 937 亿元，占审计前资产总额的 0.20%。审计后资产总额调减的上市公司有 709 家，占上市公司总数的 26.58%。具体如表6-4所示。

综合表 6-2、表 6-3 和表 6-4 的相关信息，2010—2014 年度，注册会计师通过提请上市公司调整审计过程中发现的财务报表差错，已累计调整利润 1 452 亿元、应交税费 861 亿元、资产总额 16 755 亿元。从审计调整金额比例来看，利润总额审计调整稳中有升，资产总额审计调整稳中有降，应交税费审计调整在各年间有起伏（见图 6-2）。

表 6-4　2010—2014 年度上市公司资产总额审计调整额

年度	上市公司家数	资产总额审计调整总额（亿元）	资产总额审计调整比例
2014	2 667	2 937	0.20%
2013	2 537	3 791	0.28%
2012	2 493	4 109	0.34%
2011	2 362	2 912	0.28%
2010	2 129	3 006	0.35%

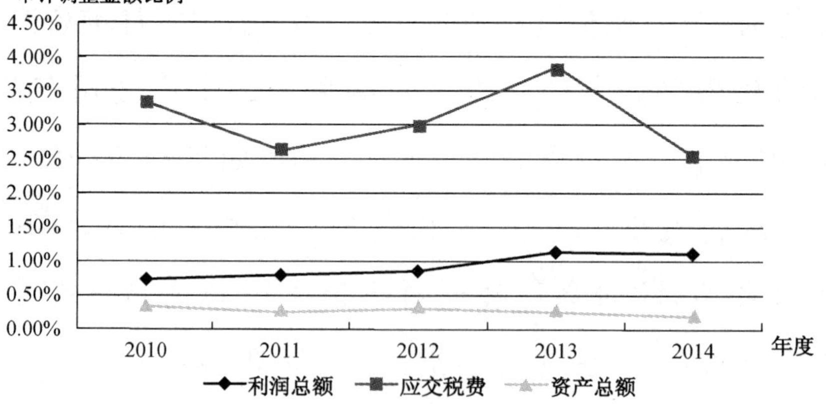

图 6-2　2010—2014 年度审计调整金额比例变动趋势

通过年报审计调整,注册会计师有效地过滤了资本市场中的不实信息,提高了上市公司财务信息的可靠性,提升了资本市场的整体会计信息质量。

三、非标报告分析

(一) 非标报告的公司板块分布

在上市公司 2014 年度财务报表审计的 98 份非标报告中,沪市主板和深市主板的上市公司非标报告共 80 份,占非标报告总数的 81.63%。主板公司的非标报告比例较高,中小板和创业板公司非标报告比例则相对较低。具体如表 6-5 所示。

表 6-5　2014 年年报上市板块审计报告意见类型汇总表

财务报表审计意见类型		沪市主板	深市主板	中小板	创业板	合计
标准无保留意见		972	453	727	417	2 569
非标准审计意见	带强调事项段的无保留意见	41	19	6	5	71
	带其他事项段的无保留意见	0	0	0	0	0
	保留意见	10	3	5	0	18

（续表）

<table>
<tr><th colspan="2">财务报表审计意见类型</th><th>沪市主板</th><th>深市主板</th><th>中小板</th><th>创业板</th><th>合计</th></tr>
<tr><td colspan="2">标准无保留意见</td><td>972</td><td>453</td><td>727</td><td>417</td><td>2 569</td></tr>
<tr><td rowspan="4">非标准审计意见</td><td>否定意见</td><td>0</td><td>0</td><td>0</td><td>0</td><td>0</td></tr>
<tr><td>无法表示意见</td><td>2</td><td>5</td><td>2</td><td>0</td><td>9</td></tr>
<tr><td>非标准审计意见小计</td><td>53</td><td>27</td><td>13</td><td>5</td><td>98</td></tr>
<tr><td>非标报告比例</td><td>5.17%</td><td>5.63%</td><td>1.76%</td><td>1.18%</td><td>3.67%</td></tr>
<tr><td colspan="2">合计</td><td>1 025</td><td>480</td><td>740</td><td>422</td><td>2 667</td></tr>
</table>

（二）非标报告的公司行业分布

就非标报告的行业分布而言，2010—2014 年度，制造业上市公司一直是非标报告出具的主要对象，在 2014 年被出具非标报告的 98 家上市公司中，63 家为制造业上市公司，占比 64.29%，为历年来最高；批发和零售贸易、信息技术业也是非标报告公司数量较多的行业（见表 6-6、图 6-3）。

就行业内非标报告比例而言，2014 年度，综合类被出具非标报告的比例在所有行业中最高，非标报告（4 份）占该行业审计报告总数（56 份）的比例达到 7.14%，远高于整体非标报告比例(3.67%)。批发与零售贸易、社会服务业等也是非标报告比例较高的行业(见图6-4)。

表6-6　2010—2014年度财务报表审计非标报告公司行业分布

行　业	年度财务报表审计非标报告公司家数				
	2014年度	2013年度	2012年度	2011年度	2010年度
制造业	63	55	56	66	60
批发和零售贸易	8	5	6	11	9
信息技术业	4	8	6	9	9
房地产业	3	2	5	4	9
农、林、牧、渔业	2	3	5	3	6
综合类	4	2	4	7	5
社会服务业	4	2	2	1	4
电力、煤气及水的生产和供应业	1	3	2	2	2
交通运输、仓储业	3	3	2	2	0
传播与文化产业	1	1	1	3	5
采掘业	3	2	0	5	7
建筑业	1	1	0	2	2
金融、保险业	1	0	0	0	0
合计	98	87	89	115	118

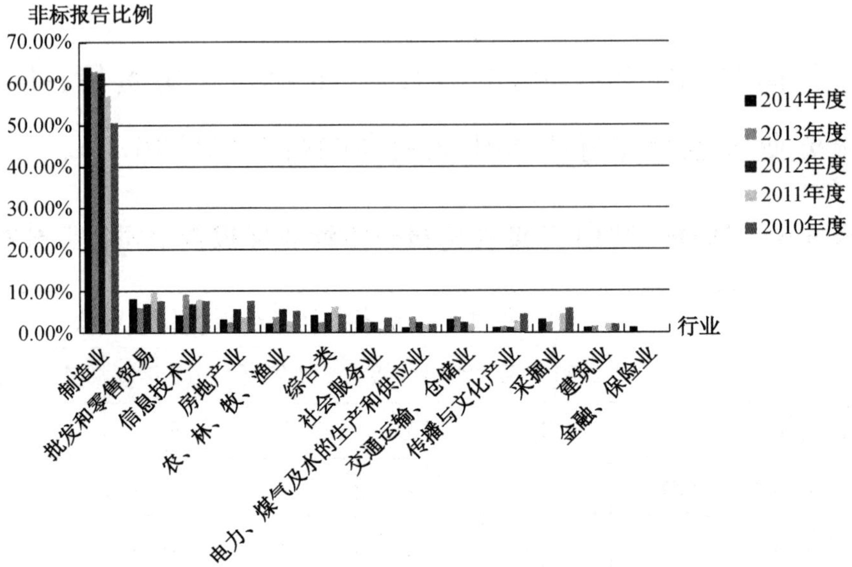

图 6-3　2010—2014 年度非标报告公司行业分布

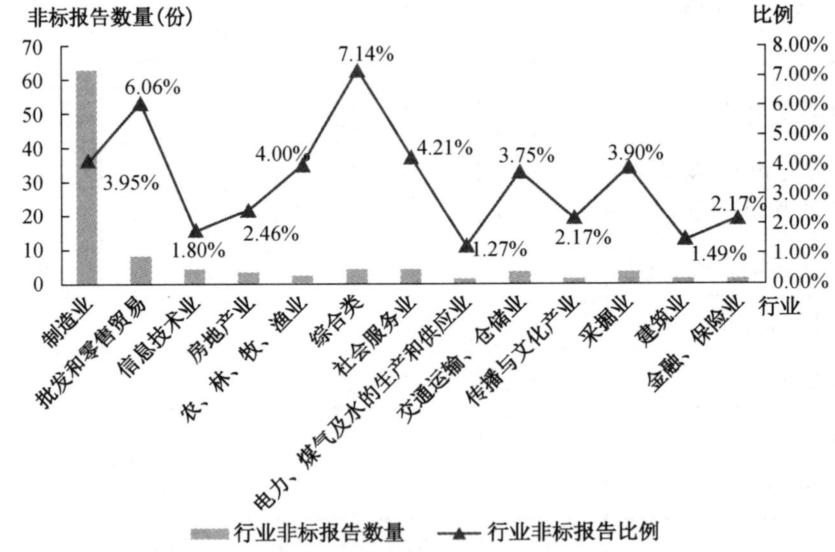

图 6-4　2014 年度各行业非标报告数量和比例

（三）ST公司非标报告比例较高

2014年度，在49家ST公司中，19家被出具非标报告，占38.78%，ST公司被出具非标报告的数量及比例均较上年有所下降。2010—2014年度，ST公司被出具非标报告的比例均高于非ST公司被出具非标报告的比例。此外，如前所述，上市公司2010—2014年度整体非标报告比例分别为5.54%、4.87%、3.57%、3.43%和3.67%，ST公司被出具非标报告的比例，也远高于同期上市公司的整体非标报告比例（见图6-5、表6-7）。

表6-7　2010—2014年度ST公司和非ST公司被出具非标报告的家数及比例

年度	ST公司		非ST公司	
	总家数	其中：被出具非标报告家数及比例	总家数	其中：被出具非标报告家数及比例
2014	49	19(38.78%)	2 618	79(3.02%)
2013	58	24(41.38%)	2 479	63(2.54%)
2012	122	46(37.70%)	2 371	43(1.81%)

（续表）

年度	ST 公司		非 ST 公司	
	总家数	其中：被出具非标报告家数及比例	总家数	其中：被出具非标报告家数及比例
2011	165	87(52.73%)	2 197	28(1.27%)
2010	174	87(50.00%)	1 955	31(1.59%)

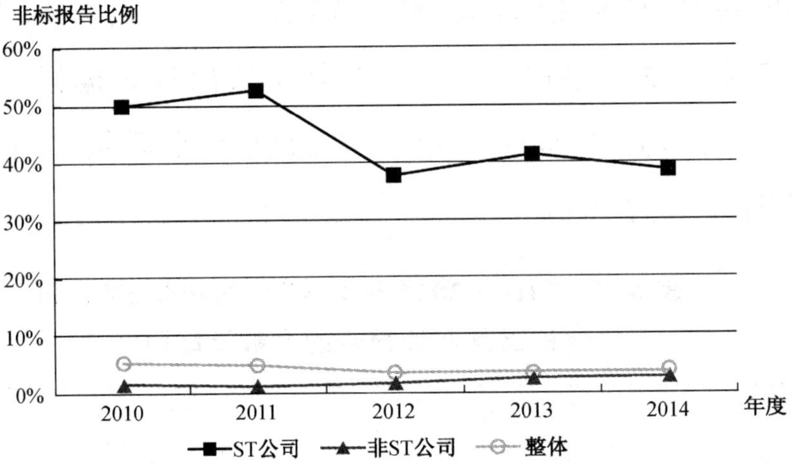

图 6-5 2010—2014 年度 ST 公司、非 ST 公司非标报告比例变动趋势

2010—2012 年度，ST 公司在非标报告中所占比重均超过 50%；2013 年度，ST 公司在非标报告中所占比重降低至 27.59%；2014 年度，ST 公司在非标报告中所占比重继续下降至 19.39%,非 ST 公司比例上升至 80.61%。具体如表 6-8 所示。

表 6-8　2010—2014 年度非标审计报告的 ST 公司和非 ST 公司构成

年度	被出具非标报告的公司		
	家数	其中:ST 公司数量及比例	其中:非 ST 公司数量及比例
2014	98	19(19.39%)	79(80.61%)
2013	87	24(27.59%)	63(72.41%)
2012	89	46(51.69%)	43(48.31%)
2011	115	87(75.65%)	28(24.35%)
2010	118	87(73.73%)	31(26.27%)

(四) 连续多年未变更审计机构的公司非标报告比例相对较低

2010—2014 年度,连续由同一家事务所提供年报审计服务的上市公司有 1 460 家①,其中 44 家上市公司

① 数据统计口径为 2010 年度变更审计机构,2011—2014 年度均未变更审计机构的上市公司。

2014 年年报被出具了非标意见审计报告，占比 3.01%。2009—2013 年度，连续由同一家事务所提供年报审计服务的上市公司有 1 388 家[①]，其中 38 家上市公司 2013 年年报被出具了非标意见审计报告，占比 2.74%。2008—2012 年度，连续由同一家事务所提供年报审计服务的上市公司有 1 487 家，其中 41 家上市公司 2012 年年报被出具了非标意见审计报告，占比 2.76%。连续多年未变更审计机构的上市公司非标报告比例普遍低于上市公司整体非标报告比例（见表 6-9），这一现象可能是多方面因素共同作用的结果。一方面，在当年被出具标准无保留意见审计报告的上市公司，可能更倾向于续聘审计机构；另一方面，在长期的业务服务过程中，事务所的专业胜任能力得到了上市公司的认可，其提请更正财务报表错报的意见更有可能被上市公司所接受。

① 数据统计口径为 2009 年度变更审计机构，2010—2013 年度未变更审计机构，2014 年度变更审计机构的上市公司。

表 6-9　连续 5 年未变更审计机构的上市公司非标报告数量及比例

年度	连续 5 年未变更审计机构的上市公司数量	非标报告		整体非标报告比例
		数量	比例	
2010—2014	1 460	44	3.01%	3.67%
2009—2013	1 388	38	2.74%	3.43%
2008—2012	1 487	41	2.76%	3.57%

(五) 出具非标报告的主要原因

1. 带强调事项段的无保留意见审计报告

从强调事项段的内容来看,在全部 71 份带强调事项段无保留意见审计报告中,有 41 份针对上市公司或其子公司持续经营能力存在的重大不确定性,占 57.75%;8 份因监管措施的未来结果存在不确定性,占 11.27%;9 份因诉讼、仲裁或行政复议结果存在不确定性,占 12.68%;3 份因重大投资项目的实施或收入成本确认存在不确定性,占 4.23%;其余 10 份分别针对上市公司关联方及其交易、期后事项、重大减值准备计提、内部控制重大缺陷、控股股东占用资金以及存在的资产损失、退市、管理层违纪、子公司财务状况等不确定事项。具体如表 6-10 所示。

表 6-10　出具带强调事项段的无保留意见审计报告的主要原因

出具带强调事项段的无保留意见审计报告的原因	上市公司家数	比例
持续经营能力存在的重大不确定性	41	57.75%
监管措施的未来结果存在不确定性	8	11.27%
诉讼、仲裁或行政复议结果存在不确定性	9	12.68%
重大投资项目的实施或收入成本确认存在不确定性	3	4.23%
其他	10	14.08%

2. 保留意见的审计报告

从说明段内容来看，在全部 18 份保留意见报告中，有 14 家导致发表保留意见的原因为审计范围受到限制，4 家因监管立案调查尚未结束，无法确定调查事项对财务报表可能产生的影响。具体如表 6-11 所示。

表 6-11　出具保留意见审计报告的主要原因

出具保留意见审计报告的原因	上市公司家数	比例
审计范围受到限制	14	77.77%
监管立案调查尚未结束，无法确定调查事项对财务报表可能产生的影响	4	22.23%

3. 无法表示意见的审计报告

从说明段内容来看，在 9 份无法表示意见报告中，4 家被出具无法表示意见的原因为审计范围受到限制，涉及事项包括关联方及其交易、包括往来款项在内的多个报表项目、股权质押以及行政处罚；5 家因持续经营能力存在重大不确定性，注册会计师无法判断管理层继续按照持续经营假设编制财务报表是否适当，也无法证明公司拟采取或已采取的相关措施能否有效改善公司经营。具体如表 6-12 所示。

表 6-12　出具无法表示意见审计报告的主要原因

出具无法表示意见审计报告的原因	上市公司家数	比例
审计范围受到限制	4	44.44%
持续经营能力存在重大不确定性	5	55.56%

持续经营是企业会计核算的重要内容。企业的持续经营能力如何，直接影响财务报表使用者的决策与合法权益，直接关乎资本市场的稳定与繁荣。同时，持续经营也是注册会计师职业判断的重要领域，在执行审计工作时，注册会计师能否合理判定被审计单位的持续经营能力状况，直接决定审计工作的质量与成败。

从 2014 年年报审计情况看，在 98 份非标准审计报告中，有 46 份是由于上市公司的持续经营能力存在重大不确定性，占 46.94%。这在一定程度上表明，注册会计师在审计过程中充分关注了影响公司持续经营的各类事项，上市公司相关财务报表重大错报风险的识别和评估得到重视，一定程度上保证了审计工作质量。

非标报告中有 12 家因监管调查尚未结束，无法确定调查事项对财务报表可能产生的影响。一方面反映监管部门对上市公司监管力度增强；另一方面反映注册会计师对财务报表错报风险较大的上市公司的审计态度较为谨慎。

四、个别财务报表审计报告的内容表述存在问题

2014 年财务报表审计报告中仍然存在表述不规范的情形。

(一) 个别报告对导致出具非标报告的事项表述不清

个别审计报告对导致出具非标报告的事项表述不清,例如,非标意见段表述为“在财务报表附注十一披露的重大内部控制缺陷,可能对公司经营产生一定的影响”,致使财务报表使用者难以理解注册会计师传达的信息。

(二) 个别审计报告的审计意见类型存在避重就轻之嫌

个别非标报告的审计意见类型存在避重就轻之嫌,例如,注册会计师在导致保留意见的事项段中指出,对被审计单位某项非常规交易未获取充分、适当的审计证据。通过查阅年报可以发现,该笔非常规交易使上市公司盈利大幅增加,实现扭亏为盈,注册会计师发表保留意见的恰当性存疑。

(执笔:殷德全、齐飞、张馨艺)

分报告七　2015 年上市公司审计情况分析报告(二)

——内部控制审计情况分析

根据财政部、证监会《关于 2012 年主板上市公司分类分批实施企业内部控制规范体系的通知》的要求，所有主板上市公司应在披露 2014 年年报的同时，披露内部控制审计报告。2015 年 1 月 1 日至 5 月 4 日，40 家证券资格会计师事务所(以下简称“证券所”)共为上市公司出具内部控制审计报告 1 465 份(其中，沪市主板 947 家、深市主板 466 家、深市中小企业板 44 家、深市创业板 8 家)，较上年的 1 141 份增加 324 份，上市公司出具内部控制审计报告的比例从 44.97% 增至 54.93%。在上述 1 465 家出具内部控制审计报告的上市公司中，有 1 428 家的财务报表审计机构和内部控制审计机构为同一家事务所，占 97.47%，体现了现行内部控制审计规范所强调的整合审计要求。

一、内部控制审计报告意见类型

（一） 内部控制审计报告意见类型总体情况

在 1 465 份内部控制审计报告中，标准审计报告1 387 份，非标准审计报告 78 份。其中，带强调事项段的无保留意见审计报告 54 份，无法表示意见审计报告 4 份，否定意见审计报告 20 份。非标审计报告比例为 5.32%。

（二） 内部控制非标审计报告的数量和比例逐年上升

受主板上市公司分类分批实施企业内部控制规范体系的影响，自 2011 年以来，非标审计报告的数量呈现逐年上升的趋势；同时，非标审计报告的比例也呈现逐年上升的趋势（见表 7-1、图 7-1）。

表 7-1　2011—2014 年度上市公司内部控制审计报告意见类型

年度		标准审计报告	非标审计报告				总计
			无保留意见＋强调事项段	无法表示意见	否定意见	小计	
2014	数量	1 387	54	4	20	78	1 465
	比例	94.68%	3.69%	0.27%	1.37%	5.32%	100%

（续表）

年度		标准审计报告	非标审计报告				总计
			无保留意见＋强调事项段	无法表示意见	否定意见	小计	
2013	数量	1 096	35	1	9	45	1 141
	比例	96.06%	3.07%	0.09%	0.79%	3.94%	100%
2012	数量	940	21	0	3	24	964
	比例	97.51%	2.18%	0	0.31%	2.49%	100%
2011①	数量	224	4	0	1	5	229
	比例	97.82%	1.75%	0	0.44%	2.18%	100%

注:2011 年为施行企业内控规范体系的第 1 年。

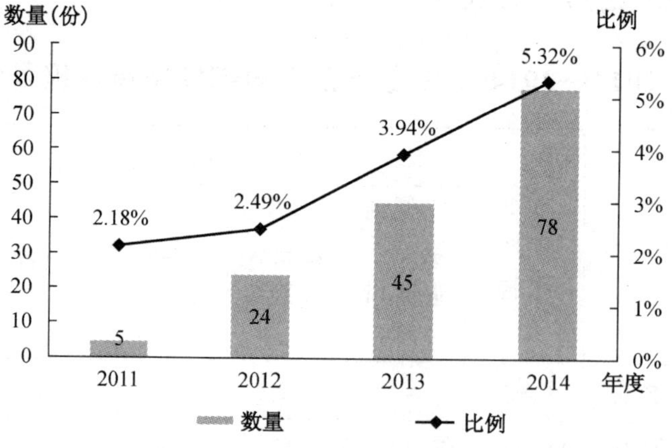

图 7-1　2011—2014 年度内部控制非标审计报告数量和比例变动趋势

二、内部控制非标审计报告分析

(一) 内部控制非标审计报告的公司板块分布

中小板、创业板公司目前尚未被纳入内控规范体系实施范围,因此非标报告主要集中在沪市、深市主板上市公司。2014 年度,沪市主板上市公司被出具非标报告的比例为 5.39%,较上年增加 1.06%;深市主板上市公司被出具非标报告的比例为 5.58%,较上年增加 1.88%。此外,1 家中小板上市公司被出具带强调事项段的无保留意见审计报告。具体如表 7-2 所示。

表 7-2　2014 年度各板块上市公司内部控制审计报告意见类型

内部控制审计意见类型	沪市主板	深市主板	中小板	创业板	合计
(标准)无保留意见	896	440	43	8	1 387
带强调事项段的无保留意见	35	18	1	0	54
无法表示意见	1	3	0	0	4
否定意见	15	5	0	0	20
非标准审计意见小计	51	26	1	0	78
总计	947	466	44	8	1 465
非标准审计意见比例	5.39%	5.58%	2.27%	0	5.32%

（二）内部控制非标审计报告的公司行业分布

随着内部控制审计实施范围的扩大，内部控制非标审计报告涉及的行业已从 2011 年度的 2 个扩大到 2014 年度的 13 个。就行业内非标报告比例而言，采掘业、传播与文化产业被出具非标审计报告的比例较高，均超过 8%。具体如表 7-3、图 7-2 所示。

表 7-3 内部控制非标审计报告的公司行业分布

行业	年度内部控制非标审计报告公司家数			
	2014 年度	2013 年度	2012 年度	2011 年度
制造业	45	25	12	3
电力、煤气及水的生产和供应业	2	5	1	0
交通运输、仓储业	2	4	2	0
采掘业	5	3	1	0
传播与文化产业	2	2	1	0
农、林、牧、渔业	1	1	3	0
建筑业	1	1	2	0
批发和零售贸易	7	1	1	0
综合类	2	1	1	0

（续表）

行　业	年度内部控制非标审计报告公司家数			
	2014 年度	2013 年度	2012 年度	2011 年度
房地产业	5	1	0	2
信息技术业	2	1	0	0
金融、保险业	1	5	1	0
社会服务业	3	4	2	0
合计	78	45	24	5

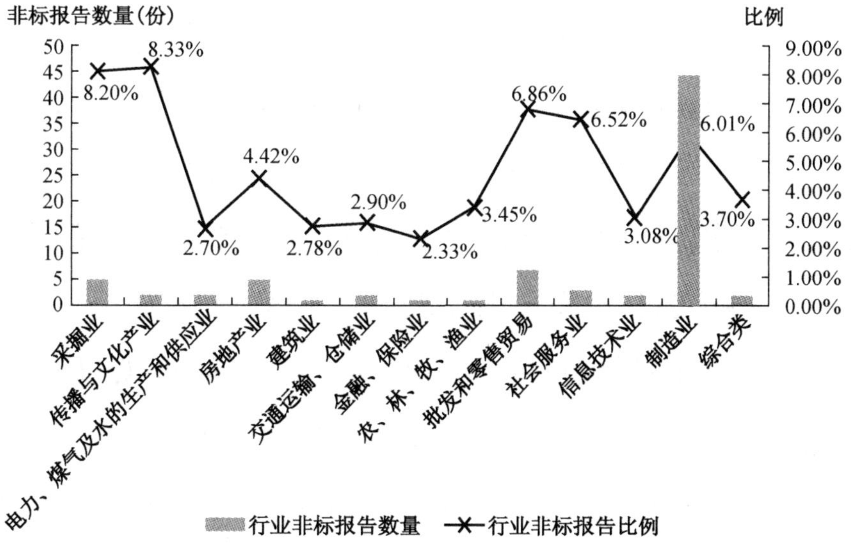

图 7-2　2014 年度各行业内部控制非标审计报告数量和比例

（三）内部控制非标审计报告披露的主要非标事项

1. 带强调事项段的无保留意见审计报告披露的非标事项

在全部 54 份带强调事项段的无保留意见审计报告中，19 份涉及内部控制缺陷问题，具体如表 7-4 所示；12 份涉及审计范围问题（其中有 4 家上市公司 2014 年度发生并购交易，根据中国证监会相关规定可豁免 2014 年度对被并购企业财务报表内部控制有效性的评价，因此未纳入内部控制审计范围；6 家公司因部分子公司或生产线停产，2014 年度无正常采购和销售业务，因此注册会计师未对相关业务的内部控制活动的有效性进行测试；1 家公司因子公司在中国香港及新加坡上市，其内部控制执行 COSO 内部控制整体框架，因此注册会计师未将该子公司纳入内部控制审计范围；1 家上市公司因未将三家新收购的公司纳入内部控制审计范围）；4 份涉及持续经营能力存在重大不确定性；12 份涉及被监管部门采取监管措施；2 份涉及前期差错更正；

10 份涉及其他事项,包括上市公司涉嫌虚开增值税发票被检查机关提起公诉、高管涉嫌严重违纪、工程延误承担违约责任等。具体如表 7-5 所示。

表 7-4　强调事项段中的内部控制缺陷问题

内部控制缺陷	数量
控制环境:未独立于控股股东	3
控制环境:治理层存在重大分歧	1
控制环境:对重要子公司管控力度不强	1
资金活动:资金由集团集中管理	1
资金活动:募集资金由子公司代收代付	1
资金活动:未履行决策审批程序	2
销售业务:定价机制不当	1
销售业务:客户信用管理不到位	1
工程项目:工程项目管理存在缺陷、缺乏监督管理	1
关联方交易:关联交易管理中缺少识别、获取及确认关联方信息的机制	1
薪酬考核:高管薪酬考核由控股股东决定	1
预算管理:全面预算制度执行不力	1
内控制度:未经董事会批准	1
内部监督:未设置内部审计部门	1

（续表）

内部控制缺陷	数量
担保业务：相关内部控制制度执行有偏差	3
对子公司的控制：未对控股子公司实时内部审计	2
银行存款：相关内部控制制度设计和执行有缺陷，导致与银行发生法律纠纷	1
会计核算：收入确认不符合准则规定	1
信息披露：信息披露及时性存在缺陷	1
其他：安全生产管理存在重大缺陷	1
合计①	26

注：部分带强调事项段的无保留意见审计报告提及多个内部控制缺陷。

表 7-5　带强调事项段的无保留意见内部控制审计报告披露的强调事项

强调事项	内部控制缺陷问题	审计范围问题	持续经营能力存在重大不确定性	被监管部门采取监管措施	前期差错更正	其他	合计
内部控制缺陷问题	19						19
审计范围问题		12		1			13

(续表)

强调事项	内部控制缺陷问题	审计范围问题	持续经营能力存在重大不确定性	被监管部门采取监管措施	前期差错更正	其他	合计
持续经营能力存在重大不确定性			2	1		1	4
被监管部门采取监管措施		1	1	8		2	12
前期差错更正					2		2
其他			1	2		6	9
合计①	19	13	4	12	2	9	59

注:在全部 54 份带强调事项段的无保留意见审计报告中,共涉及 59 个强调事项。

2. 否定意见审计报告披露的非标事项

根据《企业内部控制审计指引》的规定,注册会计师认为财务报告内部控制存在一项或多项重大缺陷的,除非审计范围受到限制,应当对财务报告内部控制发表否定意见。具体如表 7-6 所示。

表 7-6 否定意见内部控制审计报告披露的重大内部控制缺陷

序号	上市公司	内部控制缺陷
1	柳化股份	非经营性资金往来未按照《关联交易管理办法》等内控制度履行相应决策审批程序、财务报告未予以及时披露、内部监督无效
2	航天通信	未严格执行对客户资信等级评估、授信额度管理等方面的内部控制,造成重大损失
3	泰达股份	未定期执行资产减值评估,或未发现表明该资产发生减值的客观证据;未执行对于应付未付工程款进行暂估、预提的分析审核的内部控制;未执行对于工程施工成本归集和分摊的审核的内部控制,未建立定期分析工程进度并按照完工百分比法进行相应会计处理的内部控制;未建立依据业务实质分析判断所适用的收入确认原则的内部控制;未执行对在建工程是否达到可使用状态进行检查的控制;对财务人员的专业培训不够充分、对部分会计准则的理解不够准确、会计处理及财务报告披露流程中的审核存在部分运行缺陷
4	昆明机床	未建立与砂箱(周转材料之一)、备件和铸件(在产品之一)非经常性交易相关的内部控制
5	大有能源	在无形资产中核算的采矿权未取得采矿许可证;销售模式变更未履行相应决策程序
6	天目药业	未能有效执行对在建工程是否达到可使用状态进行检查的控制;未有效执行期末资产减值测试制度
7	上海新梅	内部审计未能对整体内部控制作出有效的评价和监督

（续表）

序号	上市公司	内部控制缺陷
8	*ST锐电	未对部分实物资产的出、入库实施有效控制
9	*ST国创	未有效执行银行账号及货币资金管理制度；未建立防止不适当的对外投资业务的控制措施，未对投资业务进行有效后续管理；对外借款、担保等特殊事项无有效控制措施，也未做出合理的会计处理；未制定往来款项对账制度；未执行职工薪酬业务循环相关控制
10	多伦股份	对外担保、重大资金支付、重大投资未履行审议、披露等程序
11	柳钢股份	部分职能部门与控股股东存在“一套人马、两块牌子”情形；在关联方及关联方交易识别、审批和披露方面存在重大缺陷
12	*ST新都	对外担保未履行决策审批程序，财务报告未予以及时披露、内部监督无效
13	ST生化	更正已公布的财务报告；内部审计无法对生产经营活动进行有效监督；被监管机构采取监管措施
14	烯碳新材	投资项目决策、后续管理不到位；未按确定的方法及时准确地确认房地产收入和结转成本
15	山水文化	未严格执行合同管理业务流程及印鉴管理规定；申请借款未履行审批流程和手续，财务部门未及时入账，借款支出未履行审批程序；未定期检查银行账户的开立及使用情况；资金支付未履行审批程序，亦未签署相关合同或协议；对银行存款管理不善

（续表）

序号	上市公司	内部控制缺陷
16	安泰集团	未有效执行客户授信额度管理方面的内部控制；控股股东控制的关联企业占用上市公司资金
17	皖江物流	在客户资信评估、应收账款管理、交易授权等方面的内部控制的执行存在重大缺陷；对子公司缺少有效的内部监督及审计；未对期末存货进行盘点
18	*ST 博元	未按照印章管理制度使用印章，存在两套印章并均在银行预留印鉴；重大投资事项未进行风险评估，无可行性研究报告，也无审批流程和投资方案；资金支付未经恰当授权审批，现金日记账与库存现金明细账不符；收到的银行承兑汇票背书信息不完整，对逾期银行借款未按约定计提利息；未制定供应商、客户审批制度，未制定供应商、客户资信等级评估制度，未对合同连续编号，未严格执行每月与客户对账的制度
19	水井坊	与该项财政技术改造扶持资金有关的财务报告内部控制存在重大缺陷；与长期股权投资减值准备计提有关的财务报告内部控制运行失效
20	荣丰控股	部分事项未履行董事会审议程序，也未及时履行披露义务

3. 无法表示意见审计报告披露的非标事项

在 4 份无法表示意见审计报告中，2 份因注册会计师无法获取被审计单位内控制度；1 份因被审计单位全年未开展经营业务；1份因整改后的内部控制在审计报告日前未运行足够长的时间，注册会计师无法得出整改后的内部控制是否有效的结论。具体如表7-7所示。

表7-7　无法表示意见内部控制审计报告披露的非标事项

序号	上市公司	非标事项
1	星美联合	2014年度处于筹划重大资产重组的状态，全年未开展任何经营业务，采购、销售、投资、筹资等所有重要业务层面的内部控制制度未经过充分运行
2	内蒙发展	由于相关人事变动等因素影响，审计师未能获得2014年度实际执行的内部控制制度并对其合理性作出评价
3	*ST国恒	由于相关人事变动等因素影响，审计师未能获得2014年度实际执行的内部控制制度并对其合理性作出评价
4	*ST成城	原执行的《吉林成城集团股份有限公司管理手册(试行)》，存在控制缺陷。新一届治理层、管理层成立后，针对成城股份内部的控制缺陷，专门编制了《防范控股股东或实际控制人及关联方资金占用管理制度》，并组织编制完成了《内部控制手册》，但截至审计报告日，由于成城股份缺乏充分的运行时间，其整改的效果无法确定

4. 内部控制非标审计报告披露的非财务报告内部控制缺陷事项

2014 年度，* ST 三毛、日出东方、狮头股份、上海新梅、* ST 国创、山水文化、皖江物流、* ST 博元等 8 家上市公司的内部控制审计报告披露了非财务报告内部控制重大缺陷。其中，狮头股份为带强调事项段的内部控制审计报告，* ST 三毛、日出东方为无保留意见的内部控制审计报告，其余 5 家公司为否定意见的内部控制审计报告。具体如表 7-8 所示。

表 7-8 内部控制非标审计报告披露的非财务报告内部控制重大缺陷

序号	代码	上市公司	非财务报告内部控制重大缺陷
1	600689	* ST 三毛	子公司存在对海外客户和实际贸易方进行调查的力度和管控不够的缺陷；信息披露方面存在重要缺陷
2	603366	日出东方	未对联营企业实施有效的管理和监控
3	600539	狮头股份	对子公司受到行政处罚的重大事项无相应提前防范和控制措施，也未及时披露

（续表）

序号	代码	上市公司	非财务报告内部控制重大缺陷
4	600732	上海新梅	由于存在股权纠纷,股东大会和董事会的职能受到限制,股东大会不能正常召开和通过议程;战略发展规划无法及时地在股东大会和董事会通过并实施
5	600145	* ST 国创	内部审计、财务等重要岗位人员缺失
6	600234	山水文化	重大资产重组预案信息披露违规;对重大投资事项缺少谨慎性
7	600575	皖江物流	对子公司法人治理、重大业务开展及风险控制等的监管存在重大缺陷
8	600656	* ST 博元	未设立部门或制度以应对管理层和治理层凌驾于控制之上的风险;涉嫌信息披露违规,被证监会立案调查

（四）内部控制非标审计报告与对应的财务报表审计报告

2014年度,在54家被出具带强调事项段的无保留意见内部控制审计报告的上市公司中,有26家公司的财务报表审计报告为标准无保留意见,28家公司为非标意见(其中25家公司为带强调事项段的无保留意见,2家公司为保留意见,1家公司为无法表示意见)。

在4家被出具无法表示意见内部控制审计报告的

上市公司中,1 家公司的财务报表审计报告为保留意见,3 家公司为无法表示意见。

在 20 家被出具否定意见内部控制审计报告的上市公司中,有 7 家公司的财务报表审计报告为标准无保留意见,13 家公司为非标意见(其中 5 家公司为带强调事项段的无保留意见,6 家公司为保留意见,2 家公司为无法表示意见)。

总的来看,在 78 家被出具内部控制非标审计报告的上市公司中,33 家被出具了标准无保留意见的财务报表审计报告。具体如表 7-9 所示。

表 7-9　2014 年度内部控制非标审计报告与对应的财务报表审计报告

内部控制审计		财务报表审计	
意见类型	数量	意见类型	数量
带强调事项段的无保留意见	54	标准无保留意见	26
		带强调事项段的无保留意见	25
		保留意见	2
		无法表示意见	1

（续表）

内部控制审计		财务报表审计	
意见类型	数量	意见类型	数量
无法表示意见	4	保留意见	1
		无法表示意见	3
否定意见	20	标准无保留意见	7
		带强调事项段的无保留意见	5
		保留意见	6
		无法表示意见	2

三、内部控制非标审计报告质量有待提高

（一）个别报告披露的非标意见事项不清晰

如前所述，部分内部控制审计报告披露的非标意见事项不清晰，未能清楚揭示缺陷的性质以及其对实现相关控制目标的影响程度，难以让报告使用者明晰内部控制缺陷的问题所在，如非标意见段提及报告期内上市公司因涉嫌违法违规被立案稽查，但并未明确导致被立案稽查或者行政处罚的事项是否与财务报告内部控制相关。

注册会计师需要进一步准确理解和全面把握《企业

内部控制审计指引》及其实施意见精神，形成恰当的内部控制审计意见，如实、规范地出具内部控制审计报告。避免利用在内部控制审计报告中增加强调事项段，或将财务报告内部控制重大缺陷作为非财务报告内部控制重大缺陷等方式，规避出具否定意见的内部控制审计报告。

（二） 内部控制审计报告披露不规范、不统一

根据《公开发行证券的公司信息披露内容与格式准则第 2 号》，按照规定要求对内部控制进行审计的公司应当提供相应的查询索引。现阶段，上市公司对内部控制审计报告披露不规范、不统一的问题较为突出。例如，部分上市公司进行了内部控制审计，但未在年报中提及；部分上市公司在年报中提及进行了内部控制审计，但未披露或未按时披露内部控制审计报告全文；上市公司披露内部控制审计报告的方式不统一，部分上市公司仅在年报中披露内部控制审计结论，个别上市公司则在年报中披露内部控制审计报告全文。

（执笔：殷德全、齐飞、张馨艺）

分报告八　2015年上市公司审计情况分析报告(三)

——年报审计市场情况分析

2015年1月1日至5月4日,40家证券所共承接了2 667家上市公司的2014年度财务报表审计业务和1 465家上市公司的2014年度内部控制审计业务,受上市公司数量增长和分类分批实施内部控制规范体系的影响,2014年度财务报表审计业务和内部控制审计业务量较2013年度分别增长5.12%、28.40%,上市公司年报审计市场规模明显扩大。

一、上市公司年报审计业务分布

(一)上市公司财务报表审计业务继续向少数大型证券所集中

承接上市公司2014年度财务报表审计业务数量最多的10家事务所共为1 821家上市公司出具了审计报

告，占上市公司总数的 68.28%。2010—2013 年度，该数字分别为 1 109 家、1 305 家、1 592 家和 1 722 家，占当年上市公司总数的比例分别为 52.09%、55.25%、63.86%和 67.88%。上市公司年报审计业务最多的 10 家事务所的客户数量和比重逐年上升，远远高于行业平均水平（2014 年度平均每家证券所上市公司财务报表审计业务量为 67 家）。上市公司财务报表审计业务日益向少数大型证券所集中（见图 8-1）。

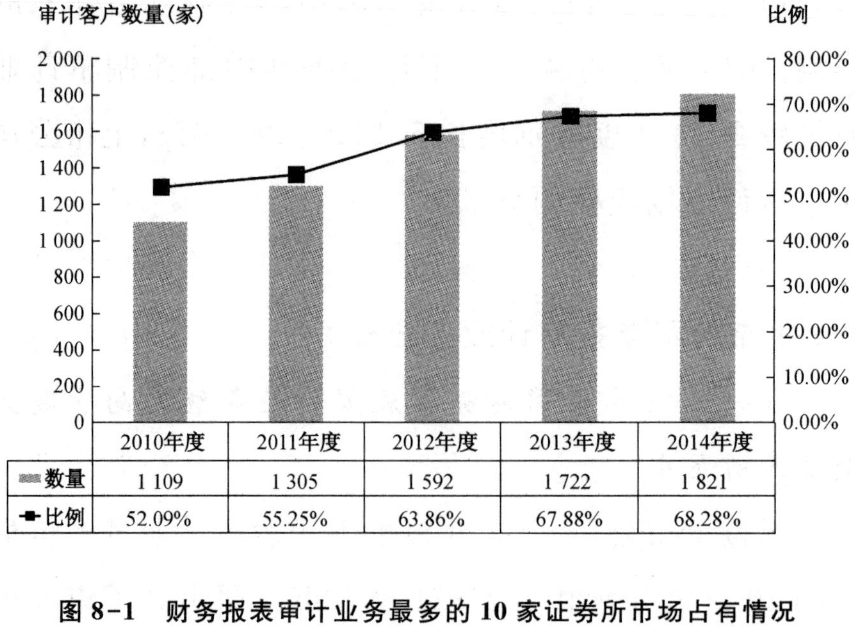

图 8-1　财务报表审计业务最多的 10 家证券所市场占有情况

承接上市公司2014年度财务报表审计业务数量最多的10家事务所均为“国际四大”中国成员所之外的其他证券所(以下简称其他证券所)。“国际四大”中国成员所的上市公司财务报表审计客户数量合计为161家,占比6.04%。

2010—2014年度,首次披露当年财务报告的上市公司分别为357家、233家、132家、50家和132家,在上述首次披露财务报告的上市公司中,选择“国际四大”中国成员所的家数和所占比例分别为:2010年度(8家,2.24%)、2011年度(7家,3.00%)、2012年度(6家,4.55%)、2013年度(2家,4.00%)以及2014年度(4家,3.03%)。

值得注意的是,虽然2014年度审计业务最多的上述前10家其他证券所在上市公司数量上占绝对优势,占比68.28%,但其审计的上市公司资产占比11.40%、收入占比32.58%、利润总额占比19.69%,出具的非标准审计报告占比65.31%;“国际四大”中国成员所上市公司数量仅占2.81%,但其审计的上市公司资产占比

86.89%、收入占比 60.51%、利润总额占比 77.01%，出具的非标准审计报告占比 3.06%。具体如表 8-1 所示。

表 8-1　2014 年度财务报表审计客户数量及规模

会计师事务所	(标准)无保留意见报告数量	非标意见报告数量	合计	上市公司资产金额（亿元）	上市公司收入金额（亿元）	上市公司利润总额（亿元）
立信	396	16	412	41 368.47	21 529.52	1 820.72
瑞华	341	17	358	39 611.87	19 956.41	1 110.60
天健	284	13	297	19 373.93	12 633.01	910.41
大华	164	5	169	15 352.59	9 694.24	705.40
信永中和	148	6	154	22 096.28	9 693.11	826.78
致同	113	5	118	12 161.21	8 096.16	427.36
大信	100	0	100	5 448.82	2 857.07	198.71
天职国际	76	0	76	7 459.61	4 020.94	242.43
华普天健	72	0	72	4 167.99	3 598.30	174.33
中审众环	63	2	65	4 179.54	2 351.47	162.71
小计	1 757	64	1 821	171 220.31	94 430.24	6 579.44
占比	68.39%	65.31%	68.28%	11.40%	32.58%	19.69%
普华永道中天	56	1	57	558 461.63	73 833.48	10 064.47
德勤华永	45	1	46	100 142.78	30 051.45	3 153.15

(续表)

会计师事务所	(标准)无保留意见报告数量	非标意见报告数量	合计	上市公司资产金额(亿元)	上市公司收入金额(亿元)	上市公司利润总额(亿元)
安永华明	33	0	33	231 899.49	26 690.07	3 852.88
毕马威华振	24	1	25	414 833.05	44 807.94	8 663.43
小计	158	3	161	1 305 336.94	175 382.94	25 733.93
占比	6.15%	3.06%	6.04%	86.89%	60.51%	77.01%
合计	2 569	98	2 667	1 502 323.27	289 855.42	33 414.60

(二) 整合审计范围不断扩大

2011—2014年度,进行整合审计的上市公司数量分别为215家、943家、1 111家和1 428家,占当年进行财务报表审计的上市公司的比例分别为9.1%、37.83%、43.79%和53.54%,占当年进行内部控制审计的上市公司的比例分别为93.89%、97.82%、97.37%和97.47%,具体如表8-2所示。这表明,随着执行企业内部控制规范体系的上市公司数量不断扩大,整合审计在实务中得到进一步贯彻执行。

表 8-2　2011—2014 年度整合审计情况

年度	2011	2012	2013	2014
财务报表审计业务数量	2 362	2 493	2 537	2 667
内部控制审计业务数量	229	964	1 141	1 465
整合审计业务数量	215	943	1 111	1 428
整合审计占财务报表审计业务比例	9.10%	37.83%	43.79%	53.54%
整合审计占内部控制审计业务比例	93.89%	97.82%	97.37%	97.47%

（三）“国际四大”中国成员所和其他证券所审计客户的行业差异较大

从市场占有率看，“国际四大”中国成员所审计客户主要集中在金融、保险业和交通运输、仓储业；2014 年度，“国际四大”中国成员所在金融、保险业的市场占有率为 58.70%，在交通运输、仓储业的市场占有率为 22.50%。其他证券所审计客户主要集中在农、林、牧、渔业，传播与文化产业等。具体如表 8-3 所示。

表8-3　2014年度证券所的客户行业分布

行业	其他证券所		国际四大中国成员所	
	客户数量	市场占有率	客户数量	市场占有率
制造业	1 533	96.11%	62	3.89%
信息技术业	219	98.65%	3	1.35%
批发和零售贸易	124	93.94%	8	6.06%
房地产业	110	90.16%	12	9.84%
社会服务业	90	94.74%	5	5.26%
电力、煤气及水的生产和供应业	73	92.41%	6	7.59%
交通运输、仓储业	62	77.50%	18	22.50%
采掘业	66	85.71%	11	14.29%
建筑业	61	91.04%	6	8.96%
综合类	53	94.64%	3	5.36%
农、林、牧、渔业	50	100.00%	0	0.00%
传播与文化产业	46	100.00%	0	0.00%
金融、保险业	19	41.30%	27	58.70%
合计	2 506	93.96%	161	6.04%

二、上市公司年报审计业务收费

在披露 2014 年财务报表审计报告的 2 667 家上市公司中，共有 2 643 家披露了财务报表审计费用信息，支付的财务报表审计费用总额约为 365 412.73 万元，平均每家上市公司支付 138.26 万元。在披露 2014 年内部控制审计报告的 1 465 家上市公司中，共有 1 139 家披露了内部控制审计费用信息，支付的内部控制审计费用总额约为 51 680.14 万元，平均每家上市公司支付 45.37 万元。

（一）上市公司财务报表审计平均收费变化不大

2014 年度，上市公司财务报表审计平均收费 138.26 万元，较 2013 年度的 136.80 万元略有上升，但各板块的平均收费存在变动：一是沪市主板 2014 年度平均收费比 2013 年度平均收费减少 8.59 万元，降幅为 3.61%；二是深市主板、中小板和创业板 2014 年度平均收费均高于 2013 年度平均收费，其中创业板增幅最大，增加了 15.17%。具体如表 8-4 所示。

表 8-4　2010—2014 年度各板块财务报表审计收费情况

(单位:万元)

年度	财务报表审计收费					
	板块	沪市主板	深市主板	中小板	创业板	合计
2014	收费合计	232 002.90	50 798.14	57 660.82	24 950.87	365 412.73
	数量	1 012	479	736	416	2 643
	平均收费	229.25	106.05	78.34	59.98	138.26
2013	收费合计	227 379.71	47 133.55	51 116.90	19 528.37	345 158.53
	数量	956	479	713	375	2 523
	平均收费	237.84	98.40	71.69	52.08	136.80
2012	收费合计	229 528.46	43 952.19	45 522.81	17 062.30	336 065.76
	数量	944	476	690	350	2 460
	平均收费	243.14	92.34	65.98	48.75	136.61
2011	收费合计	219 783.78	39 264.00	30 382.20	10 858.83	300 288.81
	数量	916	440	485	227	2 068
	平均收费	239.94	89.24	62.64	47.84	145.21
2010	收费合计	131 506.08	36 346.43	21 615.55	7 718.89	197 186.95
	数量	885	476	378	133	1 872
	平均收费	148.59	76.36	57.18	58.04	105.33

（二）主板上市公司内部控制审计平均收费逐年下降

2014 年度，上市公司内部控制审计平均收费 45.37 万元，较 2013 年度的 48.39 万元下降 3.02 万元，降幅 6.23%。其中，沪市主板和深市主板的平均收费分别下降了 8.26%、2.22%；中小板的平均收费上升了 67.43%。具体如表 8-5 所示。

就披露了内部控制审计费用的主板上市公司而言，2011—2014 年度，内部控制审计收费总额逐年上升，但平均收费逐年下降；同时，披露了内部控制审计费用的主板上市公司的财务报表审计平均收费也呈现逐年下降的趋势，表明内部控制审计收费的下降未从财务报表审计收费中得到弥补，不利于证券所投入更多的人力资源，提升内部控制审计质量（见图 8-2）。

（三）平均审计费用增长率与宏观经济指标变动趋势基本一致

在已披露 2014 年年报的上市公司中，有 1 633 家

表 8-5　2011—2014 年度各板块内部控制审计收费情况

（单位：万元）

年度	内部控制审计收费					
	板块	沪市主板	深市主板	中小板	创业板	合计
2014	收费合计	41 198.54	9 645.60	836.00	0	51 680.14
	数量	835	286	18	0	1 139
	平均收费	49.34	33.73	46.44	0	45.37
2013	收费合计	35 873.83	7 381.48	832.17	0	44 087.48
	数量	667	214	30	0	911
	平均收费	53.78	34.49	27.74	0	48.39
2012	收费合计	28 816.34	2 913.30	160	0	31 889.64
	数量	498	76	7	0	581
	平均收费	57.86	38.33	22.86	0	54.89
2011	收费合计	1 676	620	168	10	2 474
	数量	26	12	5	1	44
	平均收费	64.46	51.67	33.60	10.00	56.23

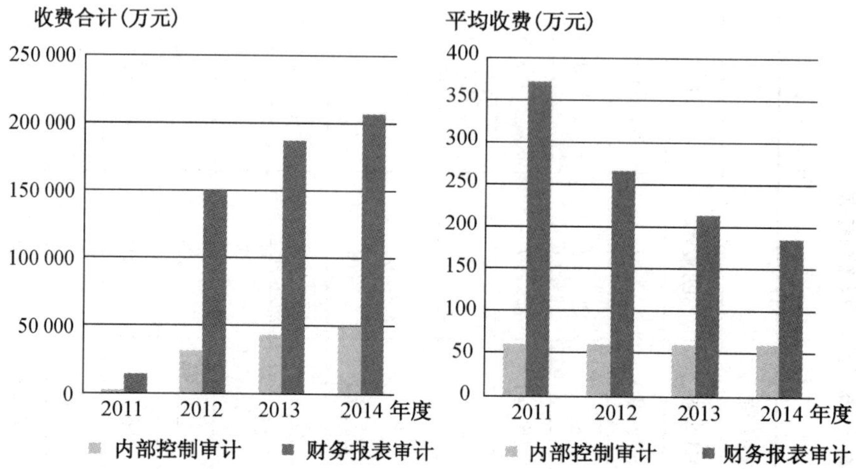

图 8-2　2011—2014 年度主板上市公司审计收费变动趋势

注:本表数据统计口径为同时披露了财务报表审计费用和内部控制审计费用的主板上市公司。

上市公司在 2010—2014 年年报中连续披露了财务报表审计费用[①](见表 8-6)。沪市主板、深市主板和中小板上市公司审计费用总体上呈上升趋势(见图 8-3)。

---

① 数据统计口径为 2009 年度未披露审计费用,2010 — 2014 年度均披露了审计费用的上市公司。

表 8-6　2010—2014 年度连续披露财务报表审计费用的上市公司审计费用

(单位:万元)

年度	上市板块	沪市主板	深市主板	中小板	创业板	合计
	上市公司数量	790	397	332	114	1 633
2014	审计收费合计	119 232	40 341	26 729	6 707	193 008
	平均收费	151	102	81	59	118
2013	审计收费合计	113 305	37 390	24 417	5 951	181 062
	平均收费	143	94	74	52	111
2012	审计收费合计	114 561	35 528	22 471	5 395	177 955
	平均收费	145	89	68	47	109
2011	审计收费合计	107 755	32 122	20 259	4 958	165 093
	平均收费	136	81	61	43	101
2010	审计收费合计	98 429	28 602	18 867	6 777	152 675
	平均收费	125	72	57	59	93

从 2011—2014 年度统计数据来看,连续披露审计费用的 1 633 家上市公司平均审计费用增长率各年波动较大,2013 年度平均审计收费仅增长 1.75%,为 4 年来最低。2014 年度平均审计收费增长率有所回升,较 2013 年度增长 4.85 个百分点,但低于 2014 年度 GDP 和城镇居民人均可支配收入增长率(见图 8-4)。

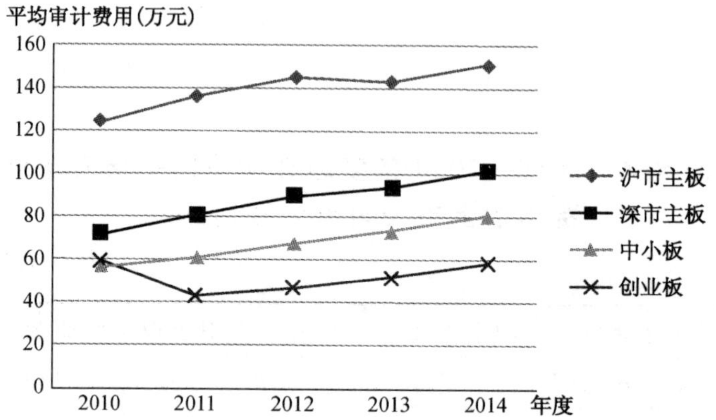

图 8-3　2010—2014 年度连续披露审计费用的上市公司平均审计费用变动

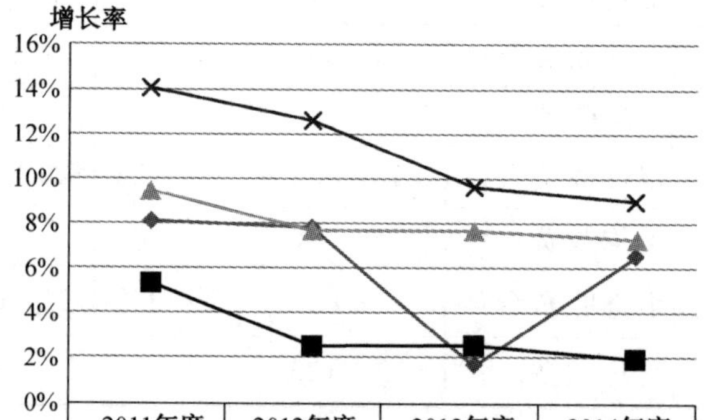

	2011年度	2012年度	2013年度	2014年度
平均审计收费增长率	8.13%	7.79%	1.75%	6.60%
CPI年同比增长率	5.40%	2.60%	2.60%	2.00%
GDP年同比增长率	9.50%	7.70%	7.70%	7.30%
城镇居民人均可支配收入同比增长率	14.10%	12.60%	9.70%	9.00%

图 8-4　2010—2014 年度连续披露审计费用的上市公司平均审计费用与其他经济指标的变动趋势比较

注:表中 CPI、GDP、城镇居民人均可支配收入,均来源于国家统计局官网公布的数据。

(四) 上市公司客户最多的10家其他证券所财务报表审计平均收费提高，内部控制审计平均收费降低

一方面,从已披露数据看,2014 年度,上市公司财务报表审计客户最多的 10 家证券所(均为其他证券所)审计收费合计数已占全部其他证券所审计收费总额的 75.77%,其平均收费为 87.42 万元,比全部其他证券所平均收费(83.83 万元)高 4.28%,比 2013 年上市公司财务报表审计客户最多的 10 家证券所平均收费(81.83 万元)增长 6.83%。这在一定程度上说明,在其他证券所中,规模较大的事务所在业务数量增加的同时,财务报表审计收费也随之上升,事务所规模效益有所体现。

另一方面,2014 年度,上市公司内部控制审计客户最多的 10 家证券所(均为其他证券所)内部控制审计收费合计数已占全部其他证券所内部控制审计收费总额的 71.16%,其平均收费为 35.31 万元,比全部其他证券所平均收费(34.74 万元)高 1.63%,比 2013 年上市公司内部控制审计客户最多的 10 家证券所平均收费

(35.45 万元)下降 0.39%。在其他证券所中,规模较大的事务所在内部控制审计业务量增加的同时,相关审计收费略有下降。具体如表 8-7 所示。

表 8-7　2011—2014 年度上市公司客户最多的 10 家其他证券所平均收费

年度	2014		2013		2012		2011	
审计业务	财务报表审计	内部控制审计	财务报表审计	内部控制审计	财务报表审计	内部控制审计	财务报表审计	内部控制审计
前 10 家其他证券所平均收费(万元)	87.42	35.31	81.83	35.45	78.50	38.14	66.69	43.63
全部其他证券所平均收费(万元)	83.83	34.74	78.42	35.10	73.90	36.39	72.38	38.73
前 10 家其他证券所平均收费与全部其他证券所平均收费差异	4.28%	1.63%	4.36%	1.01%	6.22%	4.82%	−7.86%	12.64%

（续表）

年度	2014		2013		2012		2011	
审计业务	财务报表审计	内部控制审计	财务报表审计	内部控制审计	财务报表审计	内部控制审计	财务报表审计	内部控制审计
前 10 家其他证券所收费占全部其他证券所总收费比例	75.77%	71.16%	75.40%	73.12%	72.41%	72.04%	62.49%	69.31%

(五)“国际四大”中国成员所审计收费水平明显高于其他证券所

从已披露的 2014 年年报审计费用信息来看，在财务报表审计费用总额中，支付给“国际四大”中国成员所 157 271.07 万元，占 43.04%，平均每家上市公司支付 982.94 万元；支付给其他证券所 208 141.66 万元，占 56.96%，平均每家上市公司支付 83.83 万元。

在内部控制审计费用总额中，支付给“国际四大”中国成员所 15 757.69 万元，占 30.49%，平均每家上市公司支付 150.07 万元；支付给其他证券所 35 922.45 万元，占 69.51%，平均每家上市公司支付 34.74 万元。“国际四大”中国成员所审计收费水平明显高于其他证券所（见表 8-8）。

表 8-8 “国际四大”中国成员所与其他证券所 2014 年度审计收费

项目		“国际四大”中国成员所	其他证券所	合计
财务报表审计	收费合计（万元）	157 271.07	208 141.66	365 412.73
	数量	160	2 483	2 643
	平均收费（万元）	982.94	83.83	138.26
内部控制审计	收费合计（万元）	15 757.69	35 922.45	51 680.14
	数量	105	1 034	1 139
	平均收费（万元）	150.07	34.74	45.37

上市公司审计收入[①]超过亿元的事务所中，前两名为“国际四大”中国成员中的两家（见图 8-5）。

① 指财务报表审计收费与内部控制审计收费之和。

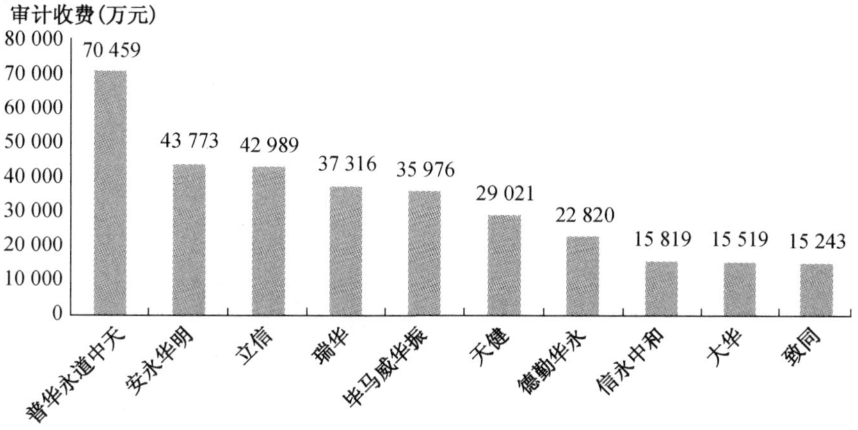

图 8-5　2014 年度收入超亿元事务所审计收费

注:事务所审计收入数据仅来源于已公开披露的年报审计费用信息。

(六) 大型审计客户明显集中于“国际四大”中国成员所

以财务报表审计为例,在收费千万元以上的32家上市公司中,其他证券所承接的上市公司仅占3家,占总数的9.38%,其余均为“国际四大”中国成员所客户。在不同财务报表审计收费水平下,“国际四大”中国成员所与其他证券所客户占有量的对比均十分明显。这说明，在客户结构方面，“国际四大”中国成员所与其他证券所仍存在较大差异。具体如图 8-6 所示。

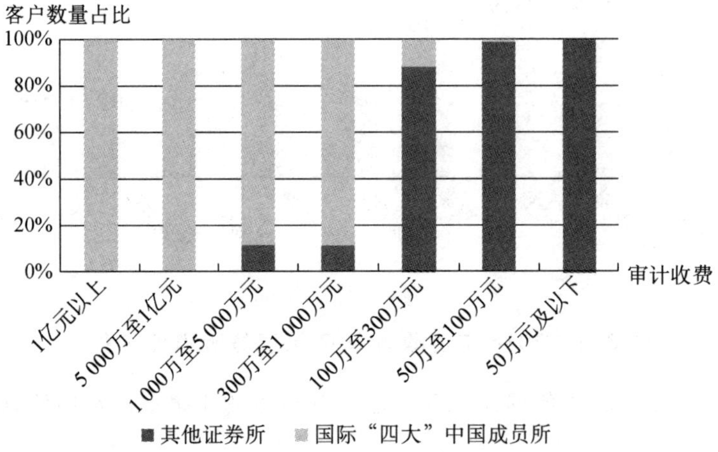

图 8-6 “国际四大”中国成员所与其他证券所客户审计收费比较

三、审计机构变更情况分析

在披露 2014 年年报的 2 667 家上市公司中，有 164 家变更了年报审计机构，占全部上市公司的 6.15%。2010—2014 年度上市公司变更年报审计机构的数量与比例如图 8-7 所示。5 年来上市公司变更年报审计机构的数量和比例呈现较大的起伏波动，2014 年降至较低水平。

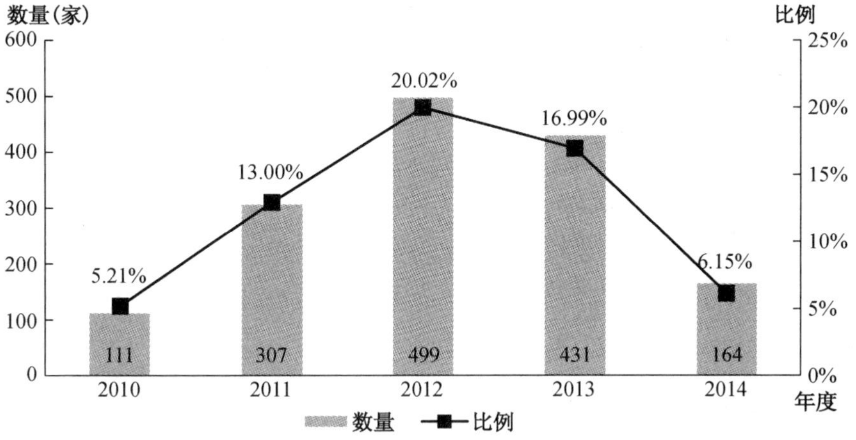

图 8-7　2010—2014 年度变更年报审计机构上市公司家数及比例

(一) 上市公司变更年报审计机构原因分析

从证券所报备的年报审计业务变更信息来看,2014 年度,上市公司变更事务所的原因主要包括:前任服务年限较长、前任事务所聘期已满、重大资产重组后重新选聘事务所、重新招标、客户所属集团公司更换事务所、项目主要审计团队加入后任事务所以及时间安排或地域原因等。其中,有 46 家上市公司变更年报审计机构是由于前任事务所服务年限较长造成的,占 28.05%。具体如表 8-9 所示。

表 8-9 上市公司变更审计机构原因统计

变更原因	上市公司数量	比例
前任事务所服务年限较长	46	28.05%
前任事务所聘期已满	42	25.61%
重大资产重组后重新选聘事务所	28	17.07%
重新招标	11	6.71%
客户所属集团公司更换事务所	9	5.49%
项目主要审计团队加入后任事务所	6	3.66%
时间安排或地域原因	6	3.66%
其他	16	9.76%
合计	164	100%

对比近 3 年上市公司变更年报审计机构的原因可以看出(见图 8-8),前任事务所服务年限较长、前任事务所聘期已满、重大资产重组后重新选聘事务所等是上市公司变更年报审计机构的常见原因。2012—2013 年,以京都天华与天健正信合并、五洲松德联合与华寅会计所合并、中瑞岳华与国富浩华合并为代表的合并浪潮使得事务所合并、项目主要团队加入后任事务所成为这一时期上市公司变更审计机构的主要原因。

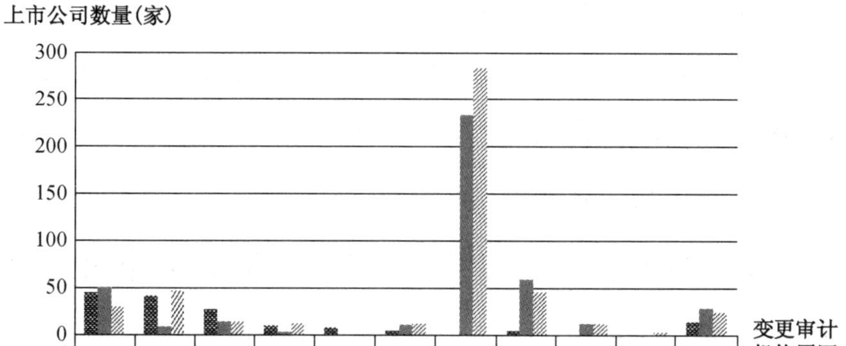

	前任事务所服务年限较长	前任事务所聘期已满	重大资产重组后重新选聘事务所	重新招标	客户所属集团公司更换事务所	时间安排或地域原因	事务所合并	项目主要审计团队加入后任事务所	前任解体	控股股东或实际控制人变更后委派审计师	其他
2014年	46	42	28	11	9	6		6			16
2013年	52	10	16	4		12	234	60	13		30
2012年	31	48	15	14		14	285	47	14	5	26

图 8-8　近三年上市公司变更年报审计机构原因统计

(二)变更审计机构的上市公司审计意见类型分析

2014年度,变更年报审计机构的164家上市公司中,被出具非标报告的上市公司共16家。其中,6家上市公司的财务报表被出具了带强调事项段的无保留意见审计报告,6 家被出具了保留意见的审计报告,4 家被出具了无法表示意见的审计报告。变更审计机构的上市公司非标报告比例为 9.76%,超过全部上市公司 3.67%的非标报告比例。2013 年度、2012 年度、2011 年度和 2010 年度,变更年报审计机构的上市公司分别有 431 家、499 家、307 家和 111 家,被出具非标报告的分别为 23 家、24 家、23 家和 20 家,非标报告比例分别为 5.34%、4.81%、7.49%和 18.02% ,同样均超过当年上市公司的整体非标报告比例。变更事务所的上市公司被出具更高比例的非标报告。

(执笔:殷德全、齐飞、张馨艺)

分报告九　2015年注册会计师行业监管工作报告

2015年，经济发展进入新常态，年报审计风险呈现新的特征，各级注协进一步落实执业质量检查制度改革精神，强化行业业务监管与服务，狠抓行业执业质量检查、年报审计监管和行业不正当低价竞争综合治理，促进行业整体执业质量进一步提升。

一、扎实做好行业执业质量检查工作

为进一步优化监管资源，提高监管效能，有效应对系统性风险，行业坚持系统风险检查理念不动摇，结合行业年度工作重点，实施分类监管。中注协直接组织对证券资格事务所（以下简称证券所）及其分所的执业质量检查，各省级注协按中注协统一部署，对本行政区域内的非证券资格事务所（以下简称非证券所）实施执业质量检查。中注协对省级注协的执业质量检查工作进行监督和指导。

为进一步落实会计师事务所执业质量检查制度改革要求，深入推进行业业务监管工作，各级注协坚持“五个并重”原则，狠抓检查工作关键步骤，夯实检查过程薄弱环节，努力提高检查工作质量，推动系统风险检查制度成熟、定型，行业执业质量检查各项工作取得新的成果。针对资本市场的新情况和证券所面临的新问题，加强对高风险审计业务的检查。同时结合行业开展“国际化建设年”主题活动，在会计师事务所执业质量检查工作中，开展执业准则对标提升活动，促进准则落地生根，推动事务所提高职业道德水平和执业质量。

2015 年，各级注协共组织 925 名检查人员，对1 389 家事务所进行了执业质量检查，并对检查发现严重问题的 83 家事务所和 195 名注册会计师实施了行业惩戒。其中，中注协直接组织 8 个检查组、97 名检查人员，对 8 家证券所总所及其 19 家分所进行了检查，抽查 106 个业务项目，对检查发现存在严重问题的 2 个业务项目的 4 名签字注册会计师实施了行业惩戒。

（一）制定检查方案，修订检查手册，突出检查重点

在执业质量检查工作开始前，中注协制定《会计师事务所执业质量检查实施方案》和《证券资格会计师事务所执业质量检查实施方案》，发布《关于开展2015年会计师事务所执业质量检查工作的通知》和《关于开展2015年证券资格会计师事务所执业质量检查工作的通知》。对各级注协贯彻风险导向检查理念提出明确要求，进一步突出和强调检查工作重点，对2015年行业执业质量检查工作作出全面部署。在质量控制体系检查方面，将合伙人机制、总分所一体化管理和业务执行作为检查重点；在业务项目检查方面，除继续关注被媒体曝光、处在盈亏边缘、频繁变更审计机构、业绩大幅波动等上市公司审计项目质量外，将境外审计业务、地方政府性债务审计业务以及内部控制审计业务质量作为检查重点。此外，继续将不正当低价竞争作为2015年证券所检查重点。

检查手册是执业质量检查工作的指南，是高质量检

查工作的必备基础和有力保障。2015 年，中注协认真总结近几年系统风险检查工作的经验与不足，持续修订完善检查手册，进一步明确检查工作任务，厘清检查工作思路，明确检查工作标准，规范检查工作方法，突出检查工作重点，统一检查工作底稿编制。

同时，中注协提前收集、整理被检查事务所相关数据资料，为检查组确定检查工作重点提供参考；各检查组在现场检查前多次召开讨论会，认真分析被检查事务所基本情况和业务特点，合理确定检查人员分工，有针对性地制定检查工作计划。

（二） 组建强有力的检查队伍，保障检查质量

检查人员队伍建设是行业检查工作的基础性环节，检查人员的能力和素质直接决定检查工作成效。长期以来，中注协始终将检查队伍建设放在行业监管工作的突出位置，努力打造一支业务精、水平高、道德好、人员稳的检查队伍，不断适应检查制度改革创新需要。

2015 年，为积极适应系统风险检查对检查人员提出的更高要求，中注协切实采取多项有效措施，进一步

加强检查队伍建设。

一是丰富检查人员结构。综合选拔事务所合伙人、各省级注协分管监管工作的秘书长和监管部主任，以及有经验的检查人员。2015 年中注协组织的 97 名检查人员中，各省级注协分管监管工作的秘书长 4 人，事务所合伙人及以上级别人员 12 人，具有检查工作经验的人员 41 人。

二是加大各级注协检查人员培养力度。选拔更多的省级注协秘书长担任检查组长和副组长，同时，鼓励各级注协推荐工作人员担任检查骨干。除个别人员负责检查协调及指导工作外，中注协及各级注协的监管部人员全部进入检查组，担任检查组组长、副组长或联络员，深度参与检查计划的起草、重大问题的研讨以及检查报告的撰写，推动注协监管部人员提高胜任能力。

三是加强检查前系统培训。通过加强检查前系统培训，提升检查工作质量与水平。2015 年，中注协先后在上海、厦门国家会计学院组织培训，进一步健全系统风险检查人员培训机制，积极探索增强培训实效的新路子。在培训过程中，立足检查工作发现的实际问题强化案例教学，立足增强研讨培训工作实效注重交流互动，立足检查工作存在的缺陷与不足设计研讨主题，强化检查人员对风险导向审计原理和系统风险检查理念的理解，增强实际运用系统风险检查方法的能力，有效地提升了检查人员的整体素质。

与此同时，各省级注协在 2015 年也进一步加强了检查人才队伍建设。加大兼职检查人员库建设力度，注重检查人才库的梳理和更新，增加事务所合伙人和业务骨干比例；加强检查组长和检查业务骨干培养；重视监管方面的培训学习，部分注协在中注协常规监管培训基础上，对注协监管人员和检查人员组织专门培训，提高检查人员素质和水平。

（三）打造以质量为导向的工作机制，做好现场检查

现场检查工作质量是检查结果后续论证和后期处理的前提与基础。2015 年，各级注协从风险导向检查理念的本质要求出发，打造以质量为导向的现场检查工

作机制，突出检查重点，注重检查实效，全面推进系统风险检查成熟、定型，现场检查工作质量显著提升。

一是创新专家工作方式。着力强化证券所现场检查的精细化、动态化过程控制，进一步发挥行业专家的作用与优势。聘请3名事务所合伙人担任访问研究员，深入检查现场一线，全面了解检查情况，及时解决在检查过程中遇到的疑难问题，并就检查组反馈的共性问题进行深入讨论，编写检查问题解答；成立专家督导组，通过电话会议、现场指导等方式，及时了解、掌握检查工作进展，提示检查工作重点；督促检查工作进度，协调、指导现场检查事宜，为检查组现场检查提供强有力的技术支持，有效地确保了检查工作质量。

二是进一步严格廉政检查纪律。维护行业检查工作形象，严格执行《会计师事务所执业质量检查工作廉政规定》，将检查工作廉政“十不准”切实落到实处。进驻检查现场后，各检查组将中注协廉政规定“十不准”及时告知被检查事务所及其全体员工，接受被检查事务所全体人员监督，进一步确保了检查工作的独立性、权威性和公正性，树立了中注协执业质量检查的良好形象。

三是进一步体现系统风险检查的理念与特点。充分尊重检查组在抽查分所及项目确定等重大检查事项上的意见，全面发挥检查组的主体作用。检查组可根据风险评估结果，自行确定证券所分所检查比例及名单。

四是将低收费项目作为检查重点。将行业不正当低价竞争综合治理融入执业质量检查工作中，着力解决影响事务所执业质量的深层次问题。

为做好 2015 年中小事务所执业质量检查工作，各省级注协充分考虑地方中小事务所实际，一方面，根据中注协检查手册的相关内容与要求，灵活实施质量控制体系检查，确定不同质量控制要素的检查重点，指导检查组有选择地采取查阅相关制度、访谈事务所管理层及不同层次人员、穿行测试、抽查工作底稿等方式查找事务所可能存在的重大风险领域，使风险导向检查理念及方法真正得到落实。另一方面，因地制宜，采取更为灵活机动、行之有效的检查方式，进一步推进检查方式方法创新。比如，部分被检查事务所较多的省份，采取事务所自查与注协重点检查相结合的方式，事务所自查形成自查报告上交注协，检查人员在协会集中审查、分析事务所自查报告，找出事务所存在的风险点，并根据分析判断，确定被访谈人员、访谈提纲及检查计划，既提高了检查工作效率，又确保按时、按质、按量完成检查工作任务。

（四）完善检查结果论证机制，严肃违规惩戒

提升会计师事务所整体执业质量，维护公众利益和树立行业形象，不仅要严格现场检查，更要严格检查结果论证和违规处理工作，提高惩戒的权威性。

2015 年，中注协进一步健全检查结果论证机制，严格论证工作程序，完善论证工作要求。根据检查发现的问题及专家论证结果，依据《中国注册会计师协会会员执业违规行为惩戒办法》，经惩戒委员会、申诉与维权委员会审议决定，对存在严重问题的 2 个审计项目的 4 名签字注册会计师实施了行业惩戒，并发布《执业质量检查通告》，披露 2015 年证券所执业质量检查的总体情况、检查内容、检查结果及最终惩戒信息。

证券所检查结果表明，多数事务所的质量控制体系较为健全，质量控制水平较高，业务项目中发现的问题较少。同时也发现，少数事务所的质量控制体系设计和执行存在缺陷，存在合伙人治理机制不健全、总分所一体化管理不到位等问题。少数注册会计师执业质量存在问题，表现为遵守审计准则不到位、职业判断不到位、勤勉尽责不到位。

非证券所执业质量检查论证处理的结果显示，多数事务所遵守执业准则的主动性进一步提升，防范系统风险意识进一步增强，执业质量逐步提高。同时，抵制不正当低价竞争理念更加深入人心，治理工作成效得到进一步巩固。但检查中也发现，部分中小事务所的内部管理较为薄弱，质量控制体系存在缺陷，存在执行审计准则不到位、风险导向审计流于形式、未履行必要的审计程序、审计证据获取不充分、审计报告披露不规范等问题，甚至个别事务所存在出具虚假审计、验资报告等严重问题。此外，少数事务所还存在恶性竞争、审计收费偏低、未按规定进行业务报备等问题。

（五）巩固扩大检查工作成果，强化对事务所的教育帮扶

“帮助、教育、整改、提高”是行业检查工作的目标。2015年，各级注协在搞好检查队伍建设和提升检查工作质量的同时，进一步强化行业后续教育帮扶，使其明确今后改进、努力的方向，切实巩固和扩大检查工作成果，受到广泛好评。

一是在现场检查阶段，寓帮扶于检查之中。检查组深入了解被检查事务所发展过程中遇到的突出问题，与事务所进行充分的沟通、交流，通过检查工作引导事务所将工作重心转移到完善内部治理机制和健全质量控制体系上来，促进事务所系统风险防范能力和水平。

二是在检查处理工作结束后，实施分类帮扶。对受到惩戒的事务所，通过复查和提出整改建议书的方式，通过当面约谈、实施复查和回访、完善整改（改进）建议书等方式，督促和提醒其自觉理顺体制机制，对存在的总分所一体化、合伙人治理机制等影响其规范发展的深层次问题切实加以研究、整改，不断延伸、扩大执业质量

检查的效力和效果，使事务所对系统风险检查的态度实现从有所抵触到积极认同，从有所疑虑到虚心接受的根本性转变，一些事务所还专门写信，对各级注协的教育帮扶表示感谢。

（六）紧密结合“国际化建设年”活动开展准则对标提升

2015 年，按照行业“国际化建设年”要求，行业将执业质量检查工作与事务所“执业准则对标提升”活动有机结合，做到“全国一盘棋”。中注协负责组织证券所的执业质量检查工作和对标提升活动，各省级注协负责组织在本地区的非证券所的执业质量检查工作和对标提升活动。

各证券所均以总所为责任主体，组织实施对标提升自查自纠。各事务所将准则对标提升工作的要求和精神融入日常内部执业质量监控与复核工作中，各证券所和各省级注协已根据总体要求提交了自查报告。通过开展执业准则对标提升活动，落实事务所执业质量主体责任，督促事务所对照执业准则自查自纠，不断提升自身的执业水平。

在现场检查工作中，各检查组就被检查事务所人才培养、合伙人机制、质量控制管理、文化建设等问题提出合理化建议，指导事务所开展执业准则对标提升活动，关注事务所自查及整改情况等，督促事务所全面贯彻落实准则要求，进一步提高了检查工作的针对性，受到被检查事务所的好评。

各级地方注协，积极落实"执业准则对标提升"有关要求，天津等28个省级注协要求所有事务所对照执业准则开展自查自纠工作，北京等3个省级注协要求被检查的事务所对照执业准则开展自查自纠工作，其他事务所自愿开展自查自纠工作。

二、深入推进上市公司年报审计监管

2015年，中注协继续坚持全程监控理念、风险导向理念和诚信执业理念，进一步强化上市公司年报审计监管，密切关注上市公司2014年年报审计中的"炒鱿鱼、接下家"行为和不正当低价竞争情况，深入分析上市公司公开信息和事务所报备资料，密切跟踪新闻媒体报道和社会公众举报，加大约谈力度，丰富年报审计情况快报内容，切实改进事前事中监管，督促证券所切实提高年报审计工作质量。

（一）完善以提升审计工作质量为重点的年报审计监管制度

长期以来，中注协坚持以行业诚信建设为主线，高度重视上市公司年报审计监管，将其作为落实行业诚信建设的重要切入点和突破口，不断创新年报审计监管理念，拓展年报审计监管内涵，丰富年报审计监管手段，完善年报审计监管制度，深入推进上市公司年报审计的事前提醒、事中监督和事后分析，取得良好成效。特别是2011年中注协制发《上市公司年报审计监管工作规程》，明确中国注册会计师协会在上市公司年报审计监管方面的工作职责与工作内容，标志着上市公司年报审计监管工作步入制度化、规范化的新阶段。

（二）强化年报审计监管工作的“事前”准备

在每年上市公司年报工作开始前，中注协适时召开年度审计工作会议，紧密联系行业发展实际，密切跟踪国内资本市场热点，深入剖析执业质量检查的典型案例，准确把握年报审计面临的新形势和新任务，在此基础上提出上市公司年报审计工作的总体要求和具体任务，并发出有关做好上市公司年报审计工作的通知。

为使各证券所全面掌握会计、审计准则最新变化，以及行业监管最新要求，中注协与证监会会计部继续联合举办证券所审计培训班，邀请参与会计审计准则制定的专家分别就会计准则、审计准则和内部控制规范的最新变化以及在实施中存在的主要问题进行了培训；结合年报审计监管实践、现场检查和稽查执法实践，分析资本市场审计执业风险和问题，并对上市公司年报审计工作提出具体要求；同时结合上市公司并购重组、首次公开发行并上市财务审核实践，提示了年报审计关注要点。参加培训的各方面反映，培训内容贴近实际，对提升年报审计工作质量、增强资本市场财务信息质量作用明显。

（三）创新开展以约谈为核心的“事中”监管

中注协一贯坚定支持证券所坚持客观公正的专业立场，拒绝客户的各种不合理要求，出具恰当的审计报告。中注协开展事前事中约谈提醒，既是警钟长鸣，引导和帮助证券所防范审计风险，提升执业质量，又支持事务所和注册会计师诚信执业，助推行业诚信道德建设。

2014 年年报审计工作期间，中注协先后开展了 15 批次的年报审计监管约谈，共约谈证券资格事务所 19 家（其中，8 家接受了当面约谈，9 家接受了书面约谈，2 家既接受了当面约谈又接受了书面约谈），涉及上市公司 23 家。

2014 年年报审计监管约谈的主要改进措施包括：

一是加大约谈力度。与 2013 年年报审计监管约谈相比，2014 年年报审计监管约谈的次数与数量均明显增加。同时加大宣传力度，不断提醒和引导事务所关注与防范风险，取得良好成效。

二是增加提前量。2014 年年报审计监管约谈时间整体提前，仅在2015年1～2月就集中开展了9批次约谈，全部15批次约谈均于2015年3月中旬前完成，比2013年年报审计监管约谈结束时间提早近1个月，给事务所吸收、借鉴中注协风险提示意见预留充足时间。

三是强化专业力量。将年报审计监管专家咨询组由14名充实到19名，为确定约谈主题、选取约谈对象、提示年报审计风险提供强有力的技术支持，增强了识别、揭示和防范风险的专业指导性。

四是突出约谈主题。针对资本市场热点问题以及行业发展面临的现状和潜在风险，专门对发生重大资产重组以及并购重组后业绩大幅下滑的上市公司，农业、金融、房地产、煤炭、钢铁、高速公路等相关行业上市公司，以及内部控制审计等提示年报审计风险。

五是创新约谈方式。采取更为灵活的约谈方式，当面约谈与书面约谈并举，约谈与后期沟通相衔接，对事务所提出的重大、疑难问题及时给予技术支持，有效减轻了事务所工作负担，提高约谈工作效率。

（四） 编发审计情况快报

2014 年年报审计期间，中注协指派专人，逐日跟踪上市公司年报披露情况，关注相关媒体报道，每周编发上市公司年报审计快报，共编发年报审计情况快报 15 期(约 16 万字)。审计情况快报中持续提请相关事务所谨慎执业、严控风险、确保质量，有力地督促了证券所提高年报审计工作质量，效果良好，被各类媒体和专业机构广泛引用。

证券所报备信息显示，2014 年年报审计期间，注册会计师通过提请上市公司调整审计过程中发现的财务报表差错，累计调整利润 371 亿元、应交税费 178 亿元、资产总额 2 937 亿元。通过年报审计调整，注册会计师有效地过滤了资本市场中的不实信息，提高了上市公司财务信息的可靠性，提升了资本市场的整体信息质量。

三、持续开展行业不正当低价竞争综合治理

行业不正当低价竞争导致审计收费降低，阻碍人才

队伍建设，破坏审计服务市场秩序，影响审计工作质量，损害行业形象，是制约行业科学发展诸多矛盾的重要诱因。针对行业存在的突出问题，近年来，中注协推进政策协调、强化监督检查、开展研究宣传，指导各省级协会形成反不正当低价竞争全国“一盘棋”，综合治理工作初现成效。

（一） 初步建立治理不正当低价竞争长效机制

行业不正当低价竞争，既有审计委托人不在乎审计质量，通过招投标选择价低事务所的因素，也有事务所为开拓业务竞相压价的因素，还有事务所报价系统不规范以及社会公众对注册会计师审计的专业价值不认可等因素综合作用。

为综合治理行业不正当低价竞争，中注协出台《关于打击和治理行业不正当低价竞争行为的通知》和《关于综合治理行业不正当低价竞争工作方案》，各省级注协也纷纷出台综合治理工作文件，建立投诉举报渠道，丰富监督检查手段，积极开展调研，行业反不正当低价竞争机制日渐完善。

（二） 创新开展不正当低价竞争综合治理工作

一是政策协调层面，助力政府购买服务改革。协调政府部门，就专业服务采购机制等问题，提出政策建议。协调行业政协委员向全国政协提出“关于推进注册会计师专业服务招投标改革的提案”，并参加全国政协有关专业服务问题座谈会，提交意见建议。

二是监管检查层面，持续加强对事务所低价竞争监管力度。重点加强对审计服务招投标，特别是国资委审计业务招投标情况的跟踪监控，近 3 年共对 7 个批次的招投标工作进行现场监控。对违反规定低价承揽业务以及在招投标中低价扰乱市场秩序的行为，及时向相关事务所下发审计服务招投标报价的提示函。约谈相关事务所负责人 6 次，督促其遵守准则及审计服务收费标准要求，合理报价。同时，在全国范围内，以事务所执业质量检查工作为抓手，加强对低收费业务质量的检查。

三是研究培训层面，注重政策研究和总结交流。组织各证券所和省级注协召开综合治理行业不正当低价竞争座谈会，进一步研究讨论综合治理行业不正当低价竞争的长效机制和具体措施。同时每年组织各省级注协交流综合治理工作经验，就防伪标识、业务报备、业务收费标准等进行学习研讨。

四是宣传教育层面，提升综合治理工作影响力。组织全部证券资格会计师事务所负责人签署抵制行业不正当低价竞争倡议书。就行业反映较多的审计服务招投标压低审计费用的问题，通过媒体发布《关于审计服务招投标问题答记者问》，向社会广泛宣传相关政策，深化社会对审计服务价值的认识。

（三） 综合治理工作初现成效

一是我国上市公司年报审计业务收费和重大审计招投标报价稳中有升。据统计，注册会计师人均年度创收实现显著增长，由 2010 年度的 45.12 万元，增长到 2014 年度的 59.48 万元。

二是约谈工作促进事务所改进报价。监控结果显示，接受过中注协和省级注协约谈的事务所，在近期的审计服务招投标中，能够遵守相关收费办法，改进报价。

反不正当低价竞争的要求，在行业中得到支持和认可。

三是行业综合治理工作得到了政府部门的支持。财政部出台《政府购买服务管理办法（暂行）》《政府采购竞争性磋商采购方式管理暂行办法》等多项文件，深化政府购买服务改革。有关倡议也得到国资委、证监会等部门的响应。

四是形成行业反不正当低价竞争的良好氛围。证券资格会计师事务所负责人带头抵制行业不正当低价竞争，并签署倡议书；各省级注协积极落实治理行业不正当低价竞争的要求，大力开展专案调查、专项检查、审计约谈、收费报备、收入调研、报价监督等工作，逐步形成综合治理工作“全国一盘棋”，行业形成反不正当低价竞争良好氛围。

（执笔：殷德全、齐飞、杨启明）

分报告十　2015 年注册会计师行业党建发展报告

2015 年，会计师事务所党组织数、行业党员数稳步增长，继续保持党的组织在行业的动态全覆盖；行业党建机制制度建设进一步健全规范；行业党员教育方式进一步创新；行业各级党组织、广大党员发挥战斗堡垒和先锋模范作用，示范带动行业"国际化建设年"活动开展。

一、会计师事务所党组织建设情况

1. 全国会计师事务所党组织数量稳步增长，继续保持党的组织和党的工作在行业的动态全覆盖

截至 2015 年 12 月 31 日，全国共有会计师事务所党组织 3 444 家，较 2014 年同期增加 32 家，同比增加 0.94%，保持了会计师事务所党组织在行业的动态全覆盖。从过去 7 年的情况看，会计师事务所党组织数量在

经过 2009 年、2010 年的大幅增长后，总体呈现数量小幅变动，总量稳步增长趋势（见图 10-1）。

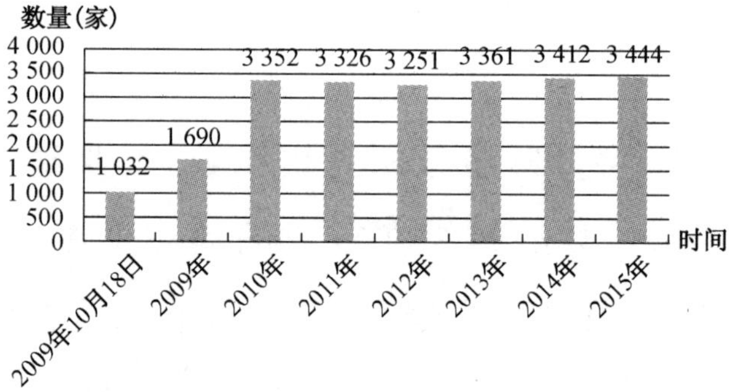

图 10-1　2009 年以来会计师事务所党组织数量

分地区来看，各省（自治区、直辖市）会计师事务所党组织数量平稳增加，个别地区略有下降。截至 2015 年 12 月 31 日，全国 15 个省（自治区、直辖市）会计师事务所党组织数量增加，14 个省（自治区、直辖市）会计师事务所党组织数量维持不变，2 个省（自治区、直辖市）党组织数量略有减少。其中增加较多的是广东（增加 20 家）、天津（增加 6 家）、重庆（增加 5 家），主要是新批准设立的会计师事务所，同步成立了党组织。会计师事务所党组织数减少的2个省(自治区、直辖市)是内蒙古(减少13家)、江苏(减少9家),主要是中小会计师事务所合并、原挂靠在行业的税务师事务所党组织将隶属关系转入税务师行业党组织。

2015年,多家省级行业党组织对会计师事务所党组织设置进行了统一规范。比如,山西撤销了11家临时党支部,整合了9家联合党支部,新批准成立了7家独立党支部。深圳撤销了5家会计师事务所党支部,组织3家党总支增补了下设的支部书记和支部委员。云南及时督导符合条件的1家会计师事务所成立了党组织。吉林等省(自治区、直辖市)行业党组织向暂无党员的会计师事务所派出党建工作指导员,保持党的工作在行业的动态全覆盖。

2. 从区域分布看,会计师事务所党组织主要集中在华东、中南地区

截至2015年12月31日,与会计师事务所地域分布相对应,华东地区会计师事务所党组织占全国会计师事务所党组织总数的33.3%,中南地区占25.6%,两者

合计占到全国会计师事务所党组织总数的 58.9%，与 2014 年同期相比，数量保持稳定(见图 10-2)。

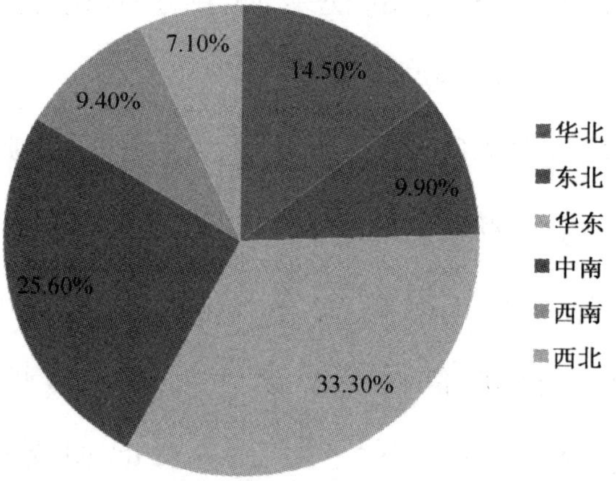

图 10-2　各区域会计师事务所党组织数占全国会计师事务所党组织数的比重

3. 各省(自治区、直辖市)之间，会计师事务所党组织数量仍差异较大，数量序列结构未发生明显变化

2015 年 12 月 31 日，与会计师事务所地域分布相对应，会计师事务所党组织数居前 5 位、后 5 位的省(自治区、直辖市)名称、党组织数量、排序变化情况如表 10-1、表 10-2 所示。2015 年度会计师事务所党组织综

合数据如表10-3所示。

表10-1 2015年会计师事务所党组织数最多的5个省(自治区、直辖市)

序号	省(自治区、直辖市)	地区党组织数(家)	与2014年排序相比
1	山东	321	保持不变
2	江苏	282	保持不变
3	河南	242	保持不变
4	广东	220	上升1位
5	浙江	209	下降1位

表10-2 2015年会计师事务所党组织数最少的5个省(自治区、直辖市)

序号	省(自治区、直辖市)	地区党组织数(家)	与2014年排序相比
1	青海	18	保持不变
2	海南	24	保持不变
3	宁夏	24	保持不变
4	贵州	38	保持不变
5	广西	41	保持不变

表 10-3 2015 年度各省(自治区、直辖市)会计师事务所党组织数、区域党组织数和区域比重

序号	地区	省(自治区、直辖市)	2014 年度党组织数(家)	2015 年度党组织数(家)	2015 年度区域党组织数	2015 年区域党组织数占全国的比重
1	华北	北京	125	126	501	14.5%
2		天津	45	51		
3		河北	149	149		
4		山西	114	115		
5		内蒙古	73	60		
6	东北	辽宁	139	139	344	9.9%
7		吉林	95	95		
8		黑龙江	110	110		
9	华东	上海	100	100	1 148	33.3%
10		江苏	291	282		
11		浙江	208	209		
12		安徽	102	106		
13		福建	66	66		
14		江西	64	64		
15		山东	318	321		

（续表）

序号	地区	省（自治区、直辖市）	2014 年度党组织数（家）	2015 年度党组织数（家）	2015 年度区域党组织数	2015 年区域党组织数占全国的比重
16	中南	河南	241	242	881	25.6%
17		湖北	192	197		
18		湖南	89	90		
19		广东	200	220		
20		深圳	67	67		
21		广西	39	41		
22		海南	23	24		
23	西南	重庆	43	48	324	9.4%
24		四川	190	192		
25		贵州	38	38		
26		云南	46	46		
27		西藏	—	—		
28	西北	陕西	99	100	246	7.1%
29		甘肃	52	52		
30		宁夏	24	24		
31		青海	18	18		
32		新疆	52	52		
		合计	3 412	3 444	3 444	100%

二、行业党员队伍建设情况

1. 行业党员数量平稳上升，行业新发展党员数量占比下降

截至 2015 年 12 月 31 日，行业共有党员 39 184 人，较 2014 年同期增加 787 人，增长 2.0%。自 2009 年全面加强行业党建工作以来，行业党员数量呈逐年稳步上升趋势，如图 10-3 所示。

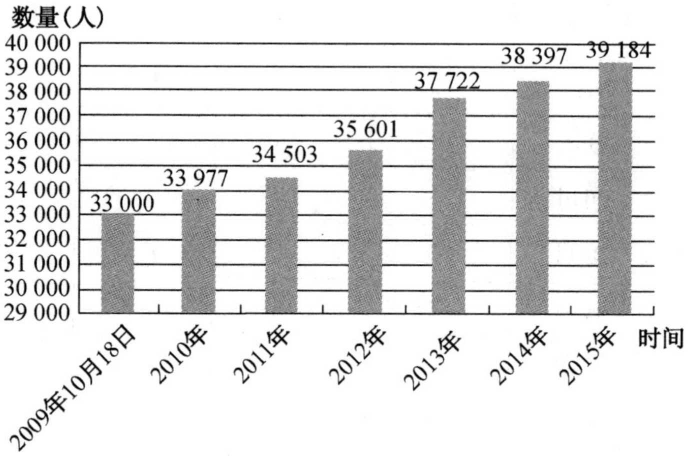

图 10-3　2009 年以来行业党员数量

2015 年行业新增加了 787 名党员，其中党组织关系转入 570 人，行业新发展党员 217 人，仅占行业新

增党员数的29.8%，与2014年同期64.6%相比，比例明显下降。有11个省（自治区、直辖市）新发展党员为0，有5个省（自治区、直辖市）新发展党员小于等于3人。

2. 各省（自治区、直辖市）行业党员数量有增有减

2015年各省（自治区、直辖市）行业党员数量增加较多的是上海（增加291人）、北京（增加239人）、江苏（增加98人）、深圳（增加73人），原因主要是地区经济发达，会计师事务所新招聘员工较多，特别是应届毕业学生党员较多。行业党员数量减少较多的是广东（减少129人）、内蒙古（减少120人）、新疆（减少25人），原因主要是行业党组织对工作关系已转出行业但党组织关系尚未转出的党员组织关系进行了清理。

3. 行业党员主要集中在华东、中南地区

截至2015年12月31日，与会计师事务所地域分布相对应，华东地区党员数量占全行业党员总数的42%，中南地区占22.6%，两者合计占到全行业党员总数的64.6%，与2014年基本持平（见图10-4）。

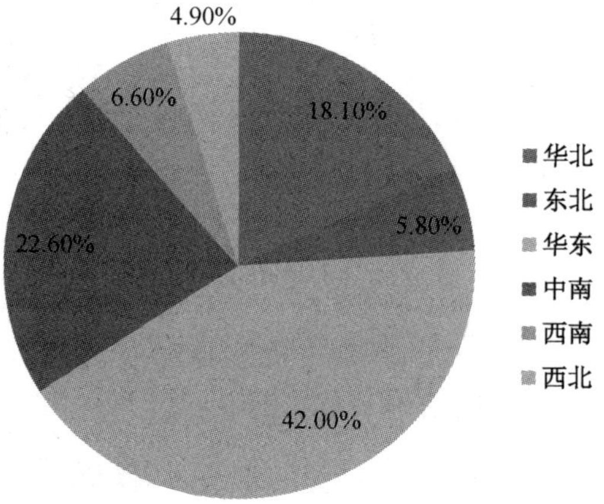

图 10-4　各区域会计师事务所党员数占全国会计师事务所党员数的比重

4. 各省(自治区、直辖市)之间,行业党员数量差异较大,数量序列结构未发生明显变化

党员数超过 5 000 人的省(自治区、直辖市)1 个、4 000～5 000 人的省(自治区、直辖市)1 个,2 000～4 000 人的省(自治区、直辖市)5 个,少于 500 人的省(自治区、直辖市)11 个。行业党员数前 5 位、后 5 位的省(自治区、直辖市)名称、党员数量、排序变化情况见表 10－4、表 10－5。2015 年行业党员数、党员增加数、新发展党员数及区域

比重见表10-6。

表10-4 2015年行业党员数最多的5个省（自治区、直辖市）

序号	省（自治区、直辖市）	地区党员数（人）	与2014年排序相比
1	上海	5 146	保持不变
2	北京	4 313	保持不变
3	浙江	3 751	保持不变
4	江苏	2 938	保持不变
5	山东	2 700	保持不变

表10-5 2015年行业党员数最少的5个省（自治区、直辖市）

序号	省份	地区党员数（人）	与2014年排序相比
1	青海	102	保持不变
2	宁夏	150	保持不变
3	海南	194	保持不变
4	贵州	220	保持不变
5	内蒙古	299	首次进入

表 10-6　2015 年行业党员数、党员增加数、新发展党员数及区域比重

序号	地区	省（自治区、直辖市）	2015 年度党员数（人）	2015 年度党员增加数（人）	各地区党员增加数占行业的比重	2015 年度新发展党员数（人）	各地区新发展党员数占行业的比重
1	华北	北京	4 313	239	20.2%	6	13.9%
2		天津	597	28		5	
3		河北	1 172	0		16	
4		山西	730	0		0	
5		内蒙古	299	－120		3	
6	东北	辽宁	1 171	0	7.1%	0	24.0%
7		吉林	616	46		46	
8		黑龙江	498	6		6	
9	华东	上海	5 146	291	61.5%	0	37.3%
10		江苏	2 938	98		5	
11		浙江	3 751	－20		5	
12		安徽	883	25		18	
13		福建	565	49		45	
14		江西	490	0		3	
15		山东	2 700	5		5	

（续表）

序号	地区	省（自治区、直辖市）	2015 年度党员数（人）	2015 年度党员增加数（人）	各地区党员增加数占行业的比重	2015 年度新发展党员数（人）	各地区新发展党员数占行业的比重
16	中南	河南	1 808	6	−1.1%	12	11.5%
17		湖北	1 332	50		6	
18		湖南	717	5		0	
19		广东	2 406	−129		0	
20		深圳	2 048	39		3	
21		广西	336	14		4	
22		海南	194	7		0	
23	西南	重庆	699	64	10.4%	3	9.2%
24		四川	1 155	17		17	
25		贵州	220	−4		0	
26		云南	499	−1		0	
27		西藏（未参与统计）	—	—		—	
28	西北	陕西	951	23	1.8%	2	4.1%
29		甘肃	356	14		0	
30		宁夏	150	0		0	
31		青海	102	1		7	
32		新疆	342	−25		0	
		合计	39 184	728	100%	217	100%

5. 行业党员教育培训规模与往年基本持平、内容进一步拓展、方式进一步创新

一是培训规模与往年基本持平。中国注册会计师行业党委从 18 个省(自治区、直辖市)选调 20 名行业党员骨干，参加 2015 年中央党校中央国家机关分校财政部注册会计师行业党员骨干第六期进修班；继续举办会计师事务所党组织书记能力提升远程培训班，对全国 3 400多名会计师事务所党组织书记进行为期 3 天的培训；举办省级行业党组织党务工作者暨省级以上代表人士培训班，对省级行业专职副书记、党办主任、行业省级以上代表人士 90 余人进行培训。2015 年，各地共自主组织党员教育培训班 92 个，培训 8 621 人次，培训规模与往年基本持平。

二是培训内容紧跟中央新精神新要求，进一步拓展充实。围绕落实全面从严治党要求，充实增加了习近平总书记系列重要讲话精神特别是关于“三严三实”的重要论述、党的十八届五中全会精神、中央办公厅《关于加强社会组织党的建设工作的意见(试行)》精神、财政部

原部长吴波同志先进事迹、会计师事务所支部工作法等内容。

三是培训方式适应时代发展，进一步创新丰富。比如，云南、天津等地行业党委书记为注协党员干部和会计师事务所党组织书记讲“三严三实”专题党课；北京开发网络党课，利用微信、QQ群等新媒体手段促进行业党员政治学习；湖北在部分市州新设了远程网络培训网点，方便行业党员远程参加上级党组织组织的政治理论学习；深圳在武汉大学举办行业党建第二期高级研修班；海南组织行业党员订阅共产党员微信、共产党员易信。会计师事务所党组织组织开展或引导党员参加多种形式红色教育和社会公益活动。毕马威会计师事务所党组织开展支教团队“免费书包”微公益活动，获得“北京社会好人”群体荣誉称号。

三、行业党建机制制度建设情况

1. 以评选和推介会计师事务所支部工作法为抓手，进一步提升了会计师事务所党建工作科学化、制度

化、规范化水平

2015 年，中国注册会计师行业党委从各地组织申报的 89 个会计师事务所支部工作法中，评选表彰了涵盖党员教育管理、组织建设、会计师事务所文化建设、主题活动开展等不同方面的 34 个典型支部工作法。组织在全国会计师事务所党组织书记能力提升远程培训班上专题宣讲，指导山西、湖北等地在党务工作者培训班上组织宣讲，引导会计师事务所党组织进一步提升党建工作的科学化、制度化、规范化水平。众环海华会计师事务所党总支、瑞华湖北分所党支部被湖北省直机关工委授予“先进基层党组织”称号，众华、上海立信等 5 家会计师事务所被上海市委、上海市政府授予“上海市 2013—2014 年度文明单位”称号。

2. 面向省级行业党组织、会计师事务所党组织的考核评价工作进一步细化、规范化

2015 年年初，中国注册会计师行业党委继续落实完善面向省级行业党组织年度工作考核制度，对省级行业党组织 2014 年度工作进行考核评价，通过“以奖代补”

方式向省级行业党组织拨付专项补助资金 293 万元。在省级行业党组织中，天津、山西、辽宁、吉林等新制定了行业基层党组织考核评价办法及工作评分标准；福建对会计师事务所综合评价办法进行了修订，对会计师事务所党组织获得的表彰荣誉，相应予以加分；宁夏在完成会计师事务所党组织考核基础上，授予会计师事务所党组织不同星级。

3. 行业党建评选表彰工作进一步完善

中国注册会计师行业党委按照每 3 年组织一次表彰的惯例，开展 2012—2014 年度行业先进党组织和优秀个人表彰活动，共表彰省级和地市级行业党组织 10 家，会计师事务所党组织 139 家，优秀党员、党务工作者和支持党建工作非党员合伙人 1 136 人，其中首次将行业党组织党务工作者纳入表彰范围。江西、四川、重庆、陕西等地也开展党建工作评优表彰活动，通过“选树先优”典型发挥榜样示范作用，营造支持行业党建、心向党组织的良好氛围。此外，据不完全统计，行业内有 23 人获得省（自治区、直辖市）党委组织、统战等部门表彰。

4. 地方行业党组织制度建设进一步加强，党建经费保障有力

2015 年，省级行业党组织共制定政策文件 175 个，行业党建制度建设工作进一步巩固提升。其中，多地制定加强行业党员管理、会计师事务所党支部规范运行、地市行业党组织换届选举等方面的制度规定。行业党建经费保障方面，吉林、江西将行业党建经费列入财政预算管理，形成党费、会费补贴、财政预算安排“三位一体”的党建经费筹措保障机制。海南向所属会计师事务所党组织书记发放工作津贴，提升基层支部书记荣誉感。2015 年，省级行业党组织共落实党建经费 881 万元。

四、开展行业“国际化建设年”主题活动情况

开展行业主题年活动，是中国注册会计师行业党委与中国注册会计师协会为实现党建与业务有机结合，发挥党建促业务、促发展优势的有效探索。为顺应构建开放型经济新体制、建设开放型经济强国，特别是大力推

进“一带一路”国家战略的新形势，进一步巩固行业国际趋同战略成果，2015年，在全行业集中开展了“国际化建设年”主题活动，推进行业国际化发展取得新成效。

1. 指导会计师事务所将执行准则要求转化为执业实践

结合执业质量检查工作，在全行业开展执业准则对标提升活动，通过指导会计师事务所对照准则自查自纠、强化会计师事务所执业质量检查、加大对会计师事务所的帮扶整改力度等措施，推动解决会计师事务所在审计工作底稿、质量控制体系、内部管理制度方面存在的明显不足，有针对性帮助中小会计师事务所提高了执行准则的能力。活动期间，对标提升活动累计覆盖会计师事务所5 882家，共帮扶会计师事务所1 214家。

2. 引导会计师事务所应用审计软件强化准则执行

完善并在综合评价前百家会计师事务所推广应用大型会计师事务所审计软件。加强对中小会计师事务所信息化建设的支持和指导，研究拟定中小会计师事务所审计软件选型指引，提升中小会计师事务所审计软件功能质量，促进会计师事务所采用符合审计准则要求的审计作业系统，强化准则的执行，保障将准则要求转化为规范的执业行为。经过活动，已有 4 481 家会计师事务所应用审计软件强化准则执行。

3. 拓宽行业国际化人才培养渠道

中国注册会计师协会继续举办注册会计师专业方向师资培训班、开展注册会计师专业方向学生境外实习。各地着力拓宽行业国际化人才培养渠道，北京、上海、江苏等地组织行业优秀人才赴澳大利亚、英国学习交流；新疆与广西就“一带一路”战略举办专题培训班；四川与属地高校联合开展财务报表分析、会计技能比赛活动；云南在清华大学举办 2 期主任会计师高级研修班。活动期间，各地共组织出访 62 次、开办境外培训班 24 个。

4. 推动会计师事务所实现国际化发展

通过加强与“一带一路”沿线国家和地区会计职业组织的联络沟通、组织行业代表参加第 19 届亚太会计师大会、参加在中国香港举办的 2015 年“海峡两岸及港澳地区会计师行业交流研讨会”等，为会计师事务所建立国际合作关系、在境外开办分支机构、开拓境外业务和合作伙伴提供支持。2015年，信永中和吸收合并世界排名前十位的马施云在墨尔本的分所，在巴基斯坦发展成员所，形成中国香港、日本、新加坡、澳大利亚、巴基斯坦五大网络布局；天健、信永中和国际在国际会计网络排名中分列第19位和20位。

5. 提高行业在国际会计事务上的话语权

一是对国际组织任职代表的支持力度进一步提高。成立和发挥国际审计准则研究组、职业道德问题研究组、会计问题研究组的咨询作用，加大对国际组织任职代表履职的支持力度，实现了任职代表在国际会计职业组织运行规则的执行力和任职能力上的提升。二是国际组织任职代表自身的履职能力进一步提升。7位在国际会计职业组织任职的行业代表，积极参加国际标准制定和咨询工作，全年就国际会计师联合会及其下设专业委员会、公共政策与监管咨询小组的相关征求意见稿提出反馈意见10余次，提高了中国注册会计师行业在国际规则制定方面的话语权。三是一些境内大型会计师事务所主要负责人直接参与国际会计公司全球网络的治理。瑞华、立信、致同、天职国际等会计师事务所的代表跻身国际会计网络高层决策机构，直接参与国际会计网络的治理和管理。

（执笔：冯毅、高魁）

分报告十一　2015年注册会计师行业统战团建发展报告

2015年，在财政部党组的正确领导和中共中央统战部、共青团中央等部门的支持指导下，中国注册会计师行业党委和团委紧紧围绕贯彻落实习近平同志关于注册会计师行业要“紧紧抓住服务国家建设这个主题和诚信建设这条主线”重要批示精神，严格落实中央统战工作会议和中央群团工作会议精神，积极推进注册会计师行业党的政治系统建设，强化行业统战工作，深化行业团建工作。

一、2015年注册会计师行业统战工作发展情况

在财政部党组的正确领导和中共中央统战部的支持指导下，中国注册会计师行业党委严格落实中央统战工作会议和《中国共产党统一战线工作条例(试行)》(以下简称《条例》)精神，利用行业党建体制、机制和协会管

理优势，扎实开展统战工作，在深化统战工作认识、完善行业统战制度机制、夯实行业统战工作基础、探索联系服务行业代表人士的途径和方法、支持行业代表人士更好参政议政方面取得一定成效。

（一） 行业代表人士数量规模保持稳定

与上年相比，2015 年注册会计师行业担任“两代表一委员”的数量保持稳定。在人数上，增加 1 人，在人次上，增加 16 人次。在人数上，本次行业人大代表、政协委员、党代表统计结果与 2014 年 7 月统计数据相比，河北、辽宁、安徽、江西、山东、湖北、西藏、青海、宁夏、新疆等省（自治区、直辖市）没有变动；北京、上海、浙江、河南、广西、海南、重庆、四川、陕西等省（自治区、直辖市）增加，其中，河南、四川、浙江、重庆、北京位列前五，分别是 25 人、9 人、7 人、5 人、3 人；天津、山西、内蒙古、吉林、黑龙江、江苏、福建、湖南、广东、深圳、贵州、云南、甘肃等省（自治区、直辖市）减少，其中，江苏、福建、云南、内蒙古、山西、深圳减少较多，分别是 20 人、10 人、6 人、6 人、5 人、5 人（见图 11-1、图 11-2）。换届和本地的地市行业党组织对行业人大代表、政协委员、党代表的人数情况进一步梳理造成统计数据的变化。

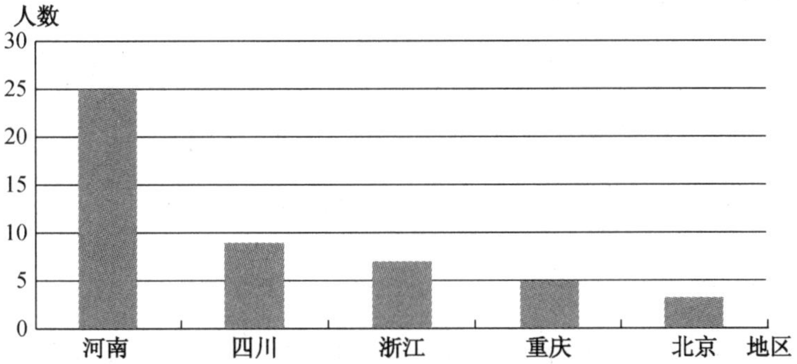

图 11-1　代表人士增加人数较多省（自治区、直辖市）分布及其增加人数

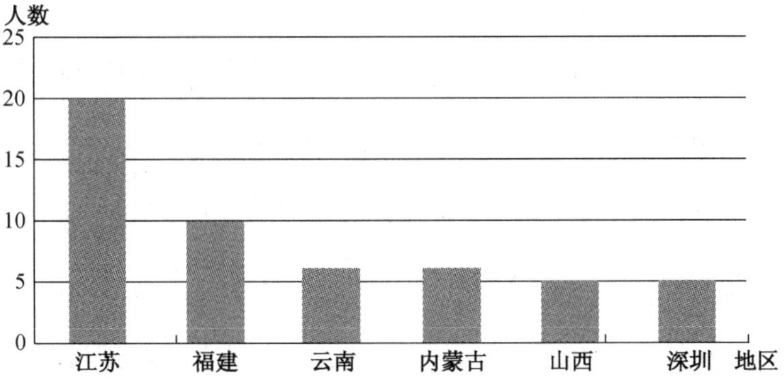

图 11-2　代表人士减少人数较多省（自治区、直辖市）分布及其减少人数

（二）加强统战理论研究，进一步深化行业对专业人士统战工作的认识

在认真学习习近平总书记系列重要讲话、中央统战工作会议和《条例》精神的基础上，中国注册会计师行业党委组织力量先后到北京、湖北、广东等地实地调研，组织河北、内蒙古、湖南、浙江等 16 个地方行业党组织负责人和不同规模事务所党组织书记座谈，委托山西、江苏、广西等地进行问卷调研，访谈部分地方党委统战部门。在总结行业统战工作经验的基础上，认识到专业人士越来越成为中国特色社会主义事业不可或缺的建设者、国家治理体系和治理能力现代化中不可替代作用的新社会阶层、体现并引领社会主义核心价值观的不可多得的独特代表，开展专业人士统战工作具有十分重要的意义。通过对专业人士特点的认识，中国注册会计师行业党委提出了改进专业人士统战工作的建议，为改进行业统战工作和专业人士统战工作奠定了认识基础

和理论条件。

（三）强化制度机制建设，进一步规范行业统战工作

中国注册会计师行业党委结合学习贯彻中央统战工作会议和《条例》精神，专门印发《关于学习贯彻中央统战工作会议和〈中国共产党统一战线工作条例（试行）〉精神的通知》（以下简称《通知》），对行业统战工作的组织制度和行业代表人士的“选、推、育、用”机制予以规定，以改进行业统战工作。

在组织体系方面，要求完善由地方党委统一领导，统战工作部门牵头协调，财政部门党组织指导，注册会计师行业党组织具体负责，会计师事务所党组织广泛参与的行业统战工作组织体系。明确在省级行业党组织中设立统战工作岗，明确统战工作具体负责人，使统战工作“有人抓、有人管”。

《通知》对行业代表人士的“选、推、育、用”机制进行了明确规定。在“选”方面，建立、完善行业党外人士数据库。按专业结构、年龄梯次、地区分布等建立党外代表

人士信息管理数据库，包括行业党外人士后备队伍数据，做到有人可选；在“推”方面，各级行业党组织要加强对行业党外代表人士的组织推荐工作，向各级人大、政府、政协和有关人民团体做好党外代表人士的推荐工作，积极发挥行业党外代表人士，特别是行业代表委员作用，并且择优推荐党外代表人士到政府部门和社会组织及国际机构任职、挂职；在“育”方面，各级行业党组织要对行业党外代表人士和后备人选进行培训辅导，定期、不定期组织行业代表人士培训班，为行业代表人士提升履职能力提供培训服务；在“用”方面，各级行业党组织和注协定期联系代表人士，了解情况，征求意见，为他们参政议政、建言献策、服务国家建设提供支持和保障。各级行业协会的理事会、常务理事会，安排一定比例的党外代表人士；在行业自我管理中，推荐行业党外代表人士参加行业执业质量检查、行业科研活动，通过机制的完善，提升了行业统战工作的科学化、规范化水平。

一些地方也完善了制度机制，如北京出台了服务行业代表人士的《中共北京注册会计师协会委员会人大代表政协委员日常调研工作制度》《中共北京注册会计师协会委员会人大代表、政协委员会前议事制度》《中共北京注册会计师协会委员会统一战线代表人士会后通报制度》《中共北京注册会计师协会委员会统一战线代表人士培训制度》等4项制度，提升了服务行业代表人士的科学化、规范化水平。

（四）注重改进联系服务和培训工作，进一步提高行业代表人士服务行业发展和国家建设的能力和水平

2015年全国“两会”召开之前，行业党委和中注协向6位参会的行业代表、委员提供专项信息服务，为他们寄发相关参阅材料。向6位参会的代表、委员致信，介绍行业建设和发展情况，鼓励和支持他们立足专业本职，发挥参政议政优势，切实为服务国家建设和推动行业发展建诤言、献良策。在听取、整理行业人士对进一步推动行业科学发展的有关意见和建议后，中注协相关部室为代表委员撰写提案建议提供资料和信息数据支持。河北、山西、重庆、江西、四川等地在两会前组织召开行业代表人士座谈会，就行业发展面临的现状和问题，以及行业如何更好地服务经济社会发展积极建言献策，为行业代表人士提案提供参考，推动代表人士在“两会”上更好地发挥作用。

中国注册会计师行业党委注重改进培训工作，在云南举办行业统战干部和省级以上代表人士培训班。培训班以“学习中央统战工作会议精神，提高履职尽责能力”为主题，邀请中央统战部领导和云南省委党校等机构的专家学者进行讲授。培训人员包括行业统战干部和代表人士，培训促进他们之间的相互了解。在培训内容上，坚持学习培训与研究谋划工作相结合，推动工作的改进。通过培训班，增强了学员对中央统战工作会议精神和《条例》精神的理解，明确了行业统战工作存在的问题和努力的方向。

（五）注意分析行业代表人士动态变化，进一步掌握行业代表人士情况

按照《行业代表人士数据统计信息》的要求，完善现有指标，通过不断完善行业代表人士除个人基本信

息、主要工作经历、社会贡献和获奖情况以外的参政议政信息，做好代表人士个人信息的动态管理工作，对行业代表人士信息进行统计分析。通过对行业代表人士工作、学习和参与经济社会建设方面的全方位了解，为推荐代表人士担任相关部门和政府咨询专家提供数据支持。

（六）强化沟通宣传，进一步提升行业统战工作的影响力

密切联系，寻求相关部门加大对行业的支持力度。中国注册会计师行业党委选派1名同志参加中央统战部举办的新社会阶层人士理论研究班，引导理解、践行党的方针政策，与党同心同德，充分发挥自身优势，为推动经济社会科学发展贡献力量。中国注册会计师行业党委负责同志4次参加中央统战部的联席会和相关会议，两次作交流发言。北京、天津、河北、辽宁、上海、江苏、四川、重庆、贵州等地推荐行业代表人士参加统战部门、社工委系统等举办的培训班、读书班等活动，加强同有关部门的联系，争取有关部门对行业统战工作的支持

指导。

注重推荐，扩大了行业代表人士发挥作用的渠道。各地行业党组织加强同有关部门的联系，推动行业代表人士发挥作用。北京注协党委向有关部门推荐，新增区县政协委员 1 人，为西城区党外知识分子联谊会第二届理事会推荐注册会计师行业理事候选人 6 名，推荐市人大代表李季名到北京市地税局挂职。河北在省委统战部支持下，选拔 2 名优秀行业代表人士到政府机关挂职锻炼。山西行业党委积极推选出 15 名同志担任山西省新的社会阶层人士联谊会第一届理事会理事候选人。上海积极推选行业代表人士参加市社工委成立的上海“两新”组织中青年知识分子联谊会，担任知联会理事等职务。安徽宣城市行业党组织向市委统战部推荐 16 名注册会计师行业党外优秀人才，四川推荐行业 5 名代表人士入选省知识分子联谊会。重庆推荐行业 1 名党外人士到行政机关单位挂职锻炼。贵州推荐行业内 8 名无党派人士进入省委统战部无党派人物信息库。甘肃推荐行业党外代表人士担任甘肃省党外知识分子联谊会常务理事或理事。深圳利用换届契机，通过统战组织部门向党委、人大政协推荐，产生市级党代表1人，人大代表1人，政协委员2人。

注重宣传，营造了有序政治参与的舆论氛围。利用社会媒体和行业媒体，在《人民政协报》《中国会计报》《财会信报》及中注协网站——行业代表人士专栏等媒体上对行业代表、委员参政议政进行系列报道；向代表、委员约稿，在中注协会刊《中国注册会计师》上进行宣传，在行业内外，为代表人士有序政治参与营造良好的社会舆论氛围。

一年来，行业统战工作得到有关部门和领导的认可。中央统战部对海南省注协秘书长何永梅参与调研活动的优秀表现给予肯定。湖北省财政厅党组书记王文童代表行业参加由省委书记李鸿忠同志出席的全省党外知识分子工作会议并发言，李鸿忠同志对行业统战工作予以肯定。四川省行业党委被授予“四川省统战工作先进单位”。广西党外知识分子联谊会授予陈德斌、金东香“杰出知联之星”称号，授予李小宁“知联之星”称号。北京市西城区政协《推进协商民主广泛多层制度化发展征文选编》收录了北京观正事务所主任会计师、北京市西城区政协委员张丹撰写的理论文章《关于"推进协商民主广泛多层制度化发展"的思考》。

二、2015 年注册会计师行业团建工作发展情况

2015 年，中国注册会计师行业团委（以下简称行业团委）全面贯彻落实共青团中央、中国注册会计师行业党委关于行业团建工作的各项部署和要求，扎实开展各项工作，切实履行好组织青年、引导青年、服务青年的基本职能，在加强行业基层团组织建设、强化行业团员青年理想信念教育、扎实开展青年文明号工作、服务行业青年成长成才和发挥广大行业团员青年生力军作用等方面取得积极成效。

（一） 行业团员人数和团组织数量有了较大幅度增长

截至 2015 年年底，全行业建有 1 380 个会计师事务所团组织，较上年增加 58 个，增长 4.39%。共青团员 35 627 人，较上年增加了 4 060 人，增长 12.86%（见图 11-3、图 11-4）。

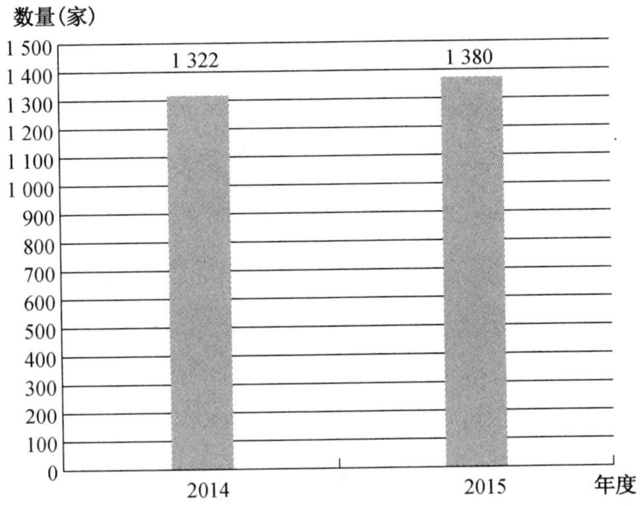

图 11-3　全行业会计师事务所团组织数

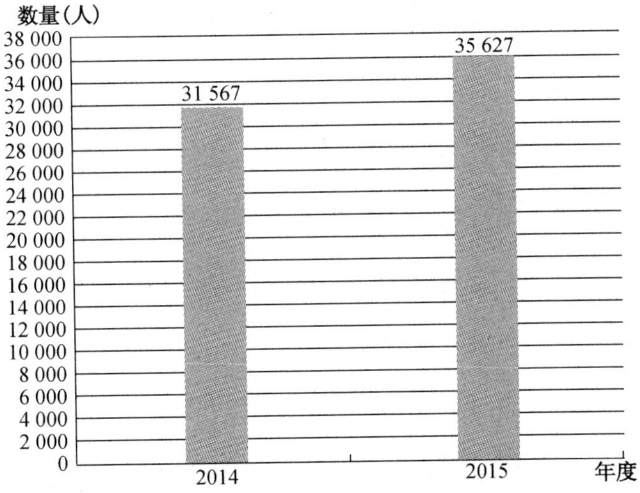

图 11-4　全行业团员数

（二）行业团员青年和团组织的社会认可度进一步增强

江西中审会计师事务所团支部获得“全国五四红旗团支部”称号；中汇会计师事务所张健获得“全国优秀共青团员”称号；苏州众勤会计师事务所合伙人孟宇欢、广东正中珠江会计师事务所部门经理杨新春获得全国“最美青工”称号。瑞华会计师事务所江苏分所等 6 家会计师事务所获得“全国青年文明号”荣誉称号，这是行业青年集体第一次获得的国家级“青年文明号”称号，行业团建工作的影响力进一步扩大，行业团组织和团员青年的社会认可度进一步增强。

（三）加强理想信念教育，开展主题活动，注册会计师行业青年思想认识进一步提高

中国注册会计师行业团委注重思想引导工作，通过思想引导，将行业团员青年聚集在党的周围。在年初行业团委会上，行业团委书记杨晨辉传达共青团第十七次全国代表大会精神，学习贯彻第五届理事会第六次会议精神，并对行业学习贯彻上级精神作出部署。

各地行业团组织结合本地实际，以不同方式宣传学习党的十八届五中全会、中央群团工作会议精神、习近平总书记系列重要讲话精神及共青团十七届三中、四中全会精神，引领行业青年在思想上与党中央保持一致，自觉服务于国家建设。以“纪念中国人民抗日战争暨世界反法西斯战争胜利 70 周年”为契机，组织行业青年参观抗日纪念馆，接受革命传统和爱国主义教育，增强行业青年的历史使命感和民族责任心；以“弘扬诚信为本的注册会计师行业核心理念”为指引，组织行业青年开展“诚信宣誓”活动，弘扬行业青年诚信为本的执业理念，提升行业青年的职业自信、自尊、自强、自律意识，引导行业青年践行社会主义核心价值观。

（四）夯实团建基础，丰富建团形式，确保注册会计师行业团的组织和工作动态全覆盖

2015 年，行业团委继续引导创新团的组织建设和工作方式，以推进中小型会计师事务所团建工作为重点，引导根据自身特点，采取挂靠建团、联合建团以及成立青年工作委员会等方式灵活组建团组织，团组织覆盖面进一步扩大。

行业团委在加强基层团组织建设的同时，引导各地行业团组织以活动为载体，提高团组织的工作覆盖。各地通过开展青年联谊活动，为行业青年搭建互相认识、交流沟通、发展友谊的平台。开展社会公益活动，引导行业青年承担社会责任，参与捐资助学、设立奖学金、扶贫济困、低碳环保、无私献血等公益活动，为贫困儿童、希望小学改善生活设施和教学条件，为养老院、残障人士和困难职工家庭献爱心，为绿色出行、环境保护、健康身心等社会公益活动贡献力量。北京、青海、山西、甘肃、福建、河北、浙江、宁夏等地方行业团组织开展“建设美丽北京·共创和谐行业”“同植希望树·共圆绿色梦”等主题团日活动。通过组织活动，提高了团组织在青年中的影响力，提高了行业的团组织的工作覆盖。

（五）扎实开展青年文明号工作，持续改进创建形式，推动注册会计师行业团员青年服务经济社会发展

按照团中央的要求和财政部部长助理戴柏华的

批示精神，行业团委把创建青年文明号作为年度重点工作。围绕青年文明号创建制度机制下功夫，借鉴其他行业或系统的青年文明号管理经验，结合行业执业准则及要求、会计师事务所内部管理制度等，着手研究起草行业青年文明号活动管理办法以及行业青年文明号活动创建标准，推动行业青年文明号创建工作有章可循。

按照团中央要求，在行业青年文明号中开展“创先、创优、创效”活动，动员广大行业青年文明号集体发挥排头兵作用，立足本职岗位，矢志创新、积极创效、持续创优。各地将“三创”活动与行业“国际化建设年”主题活动相结合，福建、上海、贵州、广西等地开展了对标行动，引导行业青年、大中型会计师事务所密切关注国际会计审计准则的更新；组织行业青年参加“2015年海峡两岸及港澳地区会计师行业交流研讨会”，加强与港澳台同行的交流；引导会计师事务所组织行业青年出境交流培训，加强行业国际化人才培养力度；引导行业青年助力会计师事务所发展，做好会计师事务所境外业务的拓展，推动业务更新，推动事务所“走出去”；引导会计师事务所鼓励行业青年考取境外执业资格，并配套相应的奖励机制，拓展境外审计业务的同时助力青年成长。

（六）强化团员队伍建设，丰富活动载体，注册会计师行业团员青年成长成才渠道进一步拓宽

行业团委始终注重行业团干部的素质和水平的提升，以行业团干部水平提升带动团组织功能发挥。2015年在井冈山革命传统教育基地举办团务工作者培训班，本次培训班采用现场教学和课堂教学相结合，通过“重走红军挑粮小道”“井冈山英烈祭奠”“参观井冈山革命博物馆”等现场体验活动，开展团建工作和事务所创建青年文明号的经验介绍，并就行业团建工作遇到的问题和今后的工作思路进行了讨论。通过培训，激发了学员艰苦奋斗、坚定理想信念、勇于开拓创新的精神，提高了行业团务工作者的能力和水平。

行业团委注重搭建载体，服务行业青年成长成才，继续开展“青年专家服务团”项目，在海南大学举办“注册会计师行业青年专家服务团——圆梦讲座”，通过行业专家演讲及与大学生的互动交流，推动青年学生将自身发展梦想与服务国家建设紧密结合。北京、上海、江西、广西、新疆、宁夏等地方行业团组织举办提升行业青年专业知识与执业技能的系列竞赛，涉及会计审计知识、执业质量以及文字应用能力等；云南、四川、河南、重庆、江苏、福建、吉林、贵州、内蒙古、陕西等地方行业团组织与高校合作，共建大学生实习、创业就业基地，举办校园招聘等活动，为青年成长成才提供了条件。

（七）注重发挥先进模范作用，积极开展和组织参与评选表彰，推动行业团组织和团员青年向先优看齐氛围进一步浓厚

行业团委注重发挥先进人物的模范带头作用，积极开展和组织参与评选表彰。行业团委授予谢东良等 7 位同志“青年五四奖章”；授予杨帆等 23 位同志“优秀共青团员”称号；授予刘琦等 22 位同志“优秀共青团干部”称号；授予信永中和会计师事务所团支部等 31 个团支部（团委）“五四红旗团支部（团委）”称号；授予 37 家行

业青年集体行业“青年文明号”称号；授予 10 名个人行业“最美青工”称号。在表彰基础上，对先进人物进行宣传，在行业内营造了“学先进、争先进”的良好氛围。

（执笔：赵晓玲、支建永）

分报告十二　2015年注册会计师行业信息化建设工作报告

2015年，注册会计师行业信息化建设紧紧围绕国家关于云计算、“互联网+”和大数据等新一代信息技术发展决策部署，根据行业信息化建设总体方案安排，在完善顶层设计、实施信息化咨询、提升行业管理信息系统功能应用、推动大型事务所审计软件实施应用、优化法律法规库与经济数据库使用服务等领域重点推进，为未来5年深化实施行业信息化战略夯实基础。

一、融合创新，深化顶层设计

（一）完成行业信息化战略中期评估

2014年7月至2015年3月，中注协对照《行业信息化建设总体方案》，完成行业信息化战略实施情况中期评估。通过实地调研和网上问卷调查方式，共完成对中注协和9个地方注协实地调研，以及对31家地方注协和 621 家会计师事务所的网上问卷调查，总结了行业信息化战略实施以来的建设任务，评估了建设目标完成情况，形成《中国注册会计师协会信息化战略规划行业管理信息系统评价报告》和《中国注册会计师协会协同办公系统需求设计报告》，为下一阶段信息化建设奠定基础。

2015 年，基于中期评估成果，中注协启动行业信息化咨询与实施保障项目。建立行业信息化咨询与实施保障项目，是过去十多年行业信息化建设的重要经验探索，是贯彻落实行业信息化工作“提前设计、全面设计、深入设计和咨询设计”的重要举措。通过项目服务需求分析、专家顾问组咨询讨论，形成了信息化对行业发展影响研究、信息化治理、技术基础架构、数据治理和信息系统建设监理保障等五个方面咨询服务内容。2015 年 11 月，中注协通过公开招标聘请行业信息化咨询项目服务商。

（二） 开展信息技术发展趋势研究

2015 年 6 月到 8 月，中注协开展云计算、大数据和

“互联网＋”等现代信息技术对注册会计师行业发展影响研究，重点对社会信息化、信息技术和审计信息化等领域的最新前沿研究成果与优秀案例进行搜集、梳理、汇编和修订，形成《注册会计师行业信息化建设研究资料汇编》，并印制白皮书分别寄送地方注协和综合评价前百家会计师事务所，白皮书电子版压缩后通过电子邮件寄送全部会计师事务所。信息技术发展趋势研究，为准确把握信息技术与社会信息化发展趋势、推动行业信息化又快又好发展发挥了参考借鉴作用。

（三）起草“十三五”期间行业信息化建设规划

2015年年初，中注协着手起草行业信息化建设“十三五”规划，加快信息技术创新成果在行业的应用，指导“十三五”期间行业信息化建设。经过调研分析、咨询论证和征求意见等阶段工作，形成了《注册会计师行业信息化建设规划（2016—2020年）》讨论稿，在2015年12月23日召开的中注协第五届理事会第七次会议上讨论。信息化建设“十三五”规划基于深化顶层设计、融合信息技术创新成果、推动行业信息化建设升级发展思路，通过分析总结行业信息化战略阶段成果、存在的差距和面临的机遇挑战，提出 2016—2020 年行业信息化建设的指导思想、基本原则、建设目标、主要任务和保障措施。

二、联系需求，持续优化行业管理服务信息化

2015 年，根据中注协、地方注协、会计师事务所和考生等用户对网上报名、考务管理、财务管理、业务监管、注册管理等业务的新需求，持续优化行业管理信息系统功能，调研协同办公系统需求，完成网络信息安全项目，进一步提升行业管理服务信息化水平。

（一）行业管理信息系统功能应用提升

在做好行业管理信息系统日常数据导出、查询统计和数据备份等运维工作的基础上，2015 年重点从 4 个方面进行功能优化完善，提升行业管理信息系统的使用效果。一是完成财务管理子系统报表实时查询、统计表数据自动检查与排错、财务数据未上报提示等新功能开发；二是完成注册管理子系统事务所报备、注册会计师

报备和非执业会员报备等功能开发与完善；三是根据注册会计师考试网上报名与考务管理实践，升级浏览器兼容性，开发成绩复核申请功能，为考生开通考试重要通知提醒功能，优化考生信息与成绩数据查询统计功能；四是在监管子系统中增加业务变更报备和风险评估情况等新功能，并对惩戒信息进行梳理，比对及补录错误与遗漏数据。

（二）协同办公系统业务需求初步确定

2015年，以行业信息化战略中期评估为基础，结合推进协同办公系统建设，提出注协机关协同办公系统建设初步方案与业务需求。一是通过调研访谈和网上问卷调查，梳理制定全国注协机关针对协同办公系统的功能应用需求和技术应用需求，形成系统需求报告，并提出“1＋32”建设模式的初步实施方案；二是对市场上主要协同办公系统软件公司及其产品情况进行详细了解，召开协同办公系统产品演示会，基本掌握市场上知名协同办公系统服务商的服务能力、软件开发技术和产品功能框架。

（三）网络信息安全升级改造项目全面完成

基于2013年4月至2014年2月中注协网络信息安全升级改造任务的阶段成果，2015年除完成网络安全设备上线联调、业务功能应用区IP划分和使用培训等收尾工作外，重点按照“预防为主、重点突出、技管并重、持续改进”原则，制定印发《信息系统安全运行管理暂行办法》，对信息系统安全各项管理要素进行规范化、程序化和标准化设计，保障信息安全的可控性、能控性和在控性，全面完成中注协网络信息安全升级改造项目。同时，根据国家网络信息安全等级保护的标准要求，启动信息系统国家安全等级保护定级备案测评工作。

三、凝聚力量，推进会计师事务所信息化

会计师事务所的信息化建设是行业信息化建设的关键。2015年，充分激发和倚重会计师事务所的主体精神，中注协发挥战略引领与政策引导作用，利用市场机制在会计师事务所与信息技术服务商之间搭建桥梁，持续推进共享性基础平台建设。

（一）开展会计师事务所信息化建设奖励

中注协根据《关于支持会计师事务所进一步做强做大的若干政策措施》及其有关规定，制定《会计师事务所信息化建设奖励办法》，2014—2016年，对信息化建设工作突出的会计师事务所予以奖励，每家奖励50万元。北京、上海等地方注协制定配套信息化建设补助办法，进一步促进所在地会计师事务所积极开展信息化建设。经过公开申报、材料初审、专家评审和网上公示等阶段工作，2014年对15家会计师事务所进行奖励，2015年对18家会计师事务所进行了奖励，2014年和2015年共计拨付信息化建设奖励资金1 650万元。开展信息化建设奖励，对深入实施行业信息化战略，推动会计师事务所执业规范和内部管理的信息化建设，发挥了激励保障作用。

（二）审计软件功能完善与整体提升

在大型事务所审计软件方面，中注协指导推动用友审计软件公司完善事务所审计软件个性化功能，督促其保障会计师事务所用户顺利使用审计软件执行业务。指导用友审计软件公司研制发布大型事务所审计作业软件

2.0 版,基于互联网思维提供审计助理 APP,实现合并报表与合并附注智能联动。2015 年,新增大型事务所审计软件用户 7 家,累计用户数达到 15 家。

在中小型事务所审计软件方面,召开中小所审计软件提升工作座谈会,调研了解市场上主流中小所审计软件产品,以及中小型会计师事务所使用审计软件过程中遇到的问题和对软件功能的需求。鼓励推进上海注协发挥市场机制作用,率先为所在地的中小型会计师事务所集中采购中小所审计软件,并在使用过程中着力提升中小所审计软件质量。

(三) 法律法规库实现移动应用,用户使用量趋于稳定

全年持续优化法律法规库的内容与功能,保障法律法规库平稳运行。内容方面,新增及更新 18 个热点专题,增加 80 多篇独家实务案例和 5 000 多篇法院判例、700 多篇精华类的实务文章。功能方面,除持续优化搜索功能外,定制开发了 4 个智能图表工具。2015 年 11 月 15 日,正式开通法律法规库微信公众号。

2015年，使用法律法规库的事务所数量达到8 142家，比2014年增加3家，登录使用法律法规库事务所的比例同2014年持平保持在76%，但登录访问大于10次的事务所比例提高到32%，同比增长2%。2015年法律法规库的使用量达到508 900次，其中搜索和浏览用量的增长明显，分别同比增长21%和7.4%。

（四）经济数据库使用覆盖面扩大，内容与使用率齐增长

2015年，经济数据库使用覆盖范围由2014年的40家证券资格事务所扩大到前百家事务所，账号数量由1 500套增加至2 000套，其中750个账号是新增分配的账号。经济数据库针对会计师事务所用户需求，增加新三板、港股、美股的深度数据，提供财务数据、财务比率、价值分析、盈利预测、市场表现等个性化数据比较工具。全年系统共进行4次大的升级，新增数据指标4 600余项，更新数据量700多万条，证券资格事务所账号活跃度环比增长30%，账号总登录次数25.75万次。其中活跃账号平均使用率在80%以上的事务所共12家，较

上年同期增长 8 家，使用频率基本趋于稳定，活跃账号平均使用率在 60%～80%之间的事务所共 21 家，较上年同期增长 13 家，活跃账号平均使用率在 60%以下的事务所共 7 家，较上年同期减少 12 家。

四、完善机制，健全组织保障

（一） 成立行业信息化实施工作领导小组

为深化行业信息化战略实施，完善机制，加强领导，经报财政部领导同意，中注协于 2014 年 6 月成立全国注册会计师行业信息化实施工作领导小组（以下简称“信息化实施工作领导小组”）。

信息化实施工作领导小组的职责包括：研究注册会计师行业信息化发展规划与建设政策，确定行业信息化顶层设计方案；审议行业信息化建设中的重大项目建设方案，协调行业信息化实施各方面力量；指导重点项目建设，监督行业信息化项目建设的实施。信息化实施工作领导小组成员由中注协领导班子、信息技术部主任和地方注协秘书长组成。信息化实施工作领导小组在统筹协调信息化建设、制定信息化建设宏观规划和重大政策等方面发挥了重要作用,推进行业信息化建设快步高质发展。

(二) 成立行业信息化专家顾问组

为深化用现代信息技术全面装备注册会计师行业的战略目标,切实提高行业信息化建设质量,中注协决定成立注册会计师行业信息化专家顾问组。专家顾问组由5位信息化咨询和实施领域的资深专家组成。专家顾问组从行业信息化战略高度,为行业信息化建设总体安排提出相关意见和建议,并对重大项目立项、实施和验收等事项进行评价论证。

2015年5月,中注协召开行业信息化专家顾问组成立暨第一次工作会议,对行业信息化战略实施中期评估项目成果进行评估,研究了行业信息化建设下一阶段工作方案,论证了协同办公管理系统建设、行业信息管理系统升级和行业信息化咨询服务三个项目的必要性与可行性。

(三) 发起成立审计软件相关委员会

为充分发挥软件服务商和会计师事务所的主体作

用和能动作用，持续改进完善大型事务所审计软件功能，推动中小所审计软件功能质量提升，加快会计师事务所信息化建设，2015 年，中注协倡议成立大型会计师事务所审计软件实施委员会和中小所审计软件提升委员会，并制定印发两个委员会的工作大纲，明确委员会工作职能和工作机制。

大型事务所审计软件实施委员会以会议、信函等方式，及时反馈和解决大型事务所审计软件使用过程中的问题，促进用友审计软件在签约会计师事务所年报审计等工作的顺利应用，并对大型事务所审计软件的实施进行阶段总结并提出下一阶段工作安排；中小所审计软件提升委员会通过了解市场上中小所审计软件产品的功能架构、部署实施方式和运维服务等情况，以及根据中小所使用市场上审计软件实际情况，为中小所审计软件功能完善和质量提升提供了咨询建议与技术支持。

（执笔：倪鹏翔、王廷梁）

附录一　注册会计师行业重要法规制度体系目录

（2012年1月1日至2015年12月31日发布）

行业发展

1. 中国注册会计师协会关于印发《支持会计师事务所进一步做强做大若干政策措施奖励资金申报办法》的通知（会协〔2013〕17号，2013年3月19日）

行业管理

2. 财政部关于调整完善注册会计师行业有关行政管理事项的通知（财会〔2014〕28号，2014年11月6日）

（一）考试

3. 注册会计师全国统一考试免试管理办法（财考〔2012〕5号，2012年8月28日）

4. 中国注册会计师协会关于印发《注册会计师全国统一考试信息系统管理暂行办法》的通知（会协〔2014〕16号，2014年4月2日）

5. 财政部关于修改《注册会计师全国统一考试办法》的决定(财政部令第75号,2014年4月23日)

6. 中国注册会计师协会关于印发《注册会计师全国统一考试档案管理办法》的通知(会协〔2014〕24号,2014年5月14日)

7. 财政部关于印发《香港特别行政区、澳门特别行政区、台湾地区居民及外国人参加注册会计师全国统一考试办法》的通知(财会〔2014〕22号,2014年6月11日)

(二)机构

8. 财政部关于调整证券资格会计师事务所申请条件的通知(财会〔2012〕2号,2012年1月21日)

9. 财政部关于证券资格会计师事务所转制为特殊普通合伙会计师事务所有关业务延续问题的通知(财会〔2012〕17号,2012年9月14日)

10. 会计师事务所综合评价办法(会协〔2015〕42号,2015年7月1日修订)

(三)行业监管

11. 中国注册会计师协会关于坚决打击和治理注

册会计师行业不正当低价竞争行为的通知(会协〔2012〕58号,2012年2月24日)

12. 中国注册会计师协会关于印发《会计师事务所执业质量检查工作廉政规定(修订)》的通知(会协〔2013〕42号,2013年6月6日)

13. 财政部关于规范和简化会计师事务所信息报备工作的通知(财会〔2013〕22号,2013年12月24日)

14. 中国注册会计师协会关于印发《中国注册会计师协会执业质量检查人员管理办法》的通知(会协办〔2014〕37号,2014年7月31日)

(四)行业信息化

15. 中国注册会计师协会关于印发《中国注册会计师行业信息化建设指南》的通知(会协〔2012〕57号,2012年2月21日)

16. 中国注册会计师协会关于印发《中国注册会计师行业信息化应用功能描述》的通知(会协〔2012〕56号,2012年2月21日)

17. 中国注册会计师协会关于印发《中国注册会计

师行业信息化建设主要工作任务分解表》的通知(会协〔2012〕55号,2012年2月21日)

18. 中国注册会计师协会关于印发《高清视频会议系统使用管理办法》的通知(会协〔2014〕2号,2014年1月13日)

19. 中国注册会计师协会关于印发《会计师事务所信息化建设奖励办法》的通知(会协〔2014〕48号,2014年9月1日)

(五) 涉外管理

20. 财政部 工商总局 商务部 外汇局 证监会关于印发《中外合作会计师事务所本土化转制方案》的通知(财会〔2012〕8号,2012年5月2日)

21. 财政部关于适当简化港澳会计师事务所来内地临时执行审计业务申请材料的通知(财会〔2012〕16号,2012年9月4日)

22. 财政部关于下放境外会计师事务所在中国内地临时执行审计业务审批项目有关政策衔接问题的通知(财会〔2013〕25号,2013年12月27日)

23. 财政部关于支持会计师事务所在中国(上海)自由贸易试验区设立分所并开展试点工作的通知(财会〔2014〕20 号,2014 年 4 月 4 日)

执 业 准 则

24. 中国注册会计师协会关于印发《中国注册会计师审计准则问题解答第 1 号——职业怀疑》等六项审计准则问题解答的通知(会协〔2013〕77 号,2013 年 10 月 31 日)

25. 中国注册会计师协会关于印发《商业银行审计指引》的通知(会协〔2014〕77 号,2014 年 12 月 31 日)

26. 中国注册会计师协会关于印发《企业内部控制审计问题解答》通知(会协〔2015〕7 号, 2015 年 2 月 5 日)

27. 中国注册会计师协会关于印发《中国注册会计师职业判断指南》的通知(会协〔2015〕18 号,2015 年 3 月 26 日)

实 务 指 引

28. 中国注册会计师协会关于印发《外商投资企业外方权益确认表审核指导意见》的通知(会协〔2012〕121

号,2012 年 4 月 30 日)

29. 中国注册会计师协会关于印发《基金会财务报表审计指引》的通知(会协〔2012〕231 号,2012 年 11 月 30 日)

30. 中国注册会计师协会关于印发《中国注册会计师职业判断指南》的通知(会协〔2015〕18 号,2015 年 3 月 26 日)

职 业 道 德

31. 中国注册会计师协会关于印发《中国注册会计师职业道德守则问题解答》的通知(会协〔2014〕60 号,2014 年 11 月 1 日)

行 业 党 建

32. 中国注册会计师行业党委关于印发《关于进一步加强注册会计师行业基层党组织建设的指导意见》的通知(会行党〔2012〕10 号,2012 年 5 月 9 日)

33. 中国注册会计师行业党委关于印发《中国注册会计师行业党的建设工作规划》的通知(会行党〔2013〕3 号,2013 年 1 月 24 日)

34. 中国注册会计师行业党委关于印发《省级注册会计师行业(协会)党组织考核评价办法(修订)》的通知(会行办〔2013〕4号,2013年12月10日)

35. 中国注册会计师行业党委关于加强注册会计师行业发展党员和党员管理工作的通知(会行党〔2014〕5号,2014年5月15日)

(曾铁兵、蔡宗强　辑)

附录二　2015 年会计师事务所综合评价前百家信息

（2015 年 8 月 3 日公布）

事务所名称	名次	综合评价得分	事务所本身业务收入	与事务所统一经营的其他执业机构业务收入	业务收入指标得分	综合评价其他指标得分	处罚和惩戒指标应减分值	参考项目		
			金额（单位：万元）	金额（单位：万元）				注册会计师人数（单位：人）	人均业务收入（单位：万元）	师均业务收入（单位：万元）
普华永道中天会计师事务所	1	1 710.96	371 348.24	0.00	1 000.00	716.96	−6	1 007	60.76	368.77
德勤华永会计师事务所	2	1 663.51	313 092.45	0.00	969.14	700.37	−6	849	60.05	368.78
安永华明会计师事务所	3	1 657.16	283 323.15	0.00	951.07	706.08	0	910	61.05	311.34
瑞华会计师事务所	4	1 649.29	306 202.57	30 267.84	966.00	691.29	−8	2 357	40.90	129.91
立信会计师事务所	5	1 648.38	290 695.72	30 441.60	956.66	691.72	0	1 920	38.12	151.40

（续表）

事务所名称	名次	综合评价得分	事务所本身业务收入	与事务所统一经营的其他执业机构业务收入	业务收入指标得分	综合评价其他指标得分	处罚和惩戒指标应减分值	参考项目		
			金额（单位：万元）	金额（单位：万元）				注册会计师人数（单位：人）	人均业务收入（单位：万元）	师均业务收入（单位：万元）
毕马威华振会计师事务所	6	1 614.94	235 071.87	0.00	917.31	703.63	−6	646	62.50	363.89
天健会计师事务所	7	1 541.13	150 590.03	0.00	836.78	704.35	0	1 399	37.93	107.64
信永中和会计师事务所	8	1 504.78	128 288.93	0.00	807.79	696.99	0	1 186	32.53	108.17
天职国际会计师事务所	9	1 483.71	121 705.73	26 323.53	800.21	683.50	0	835	43.16	145.76
致同会计师事务所	10	1 479.80	119 627.22	0.00	795.10	684.70	0	831	35.21	143.96
大华会计师事务所	11	1 474.84	127 395.64	20 531.58	807.98	681.86	−15	1 063	32.33	119.85
大信会计师事务所	12	1 396.13	101 638.46	4 277.05	766.06	642.06	−12	1 139	29.36	89.23

（续表）

事务所名称	名次	综合评价得分	事务所本身业务收入	与事务所统一经营的其他执业机构业务收入	业务收入指标得分	综合评价其他指标得分	处罚和惩戒指标应减分值	参考项目		
			金额（单位：万元）	金额（单位：万元）				注册会计师人数（单位：人）	人均业务收入（单位：万元）	师均业务收入（单位：万元）
中天运会计师事务所	13	1 354.69	66 339.11	33 646.97	693.05	661.64	0	451	42.04	147.09
中汇会计师事务所	14	1 351.42	70 111.29	0.00	698.53	652.89	0	412	55.87	170.17
北京兴华会计师事务所	15	1 327.85	62 568.54	19 732.01	680.77	647.08	0	520	37.60	120.32
众环海华会计师事务所	16	1 326.13	67 332.64	0.00	691.21	634.92	0	456	31.73	147.66
中审亚太会计师事务所	17	1 326.11	69 320.35	3 571.77	696.87	629.24	0	572	38.77	121.19
中审华寅五洲会计师事务所	18	1 323.79	61 851.76	0.00	675.86	647.93	0	655	36.45	94.43
天衡会计师事务所	19	1 278.90	46 622.58	10 209.06	626.71	652.18	0	333	46.72	140.01

（续表）

事务所名称	名次	综合评价得分	事务所本身业务收入	与事务所统一经营的其他执业机构业务收入	业务收入指标得分	综合评价其他指标得分	处罚和惩戒指标应减分值	参考项目		
			金额（单位：万元）	金额（单位：万元）				注册会计师人数（单位：人）	人均业务收入（单位：万元）	师均业务收入（单位：万元）
中兴财光华会计师事务所	20	1 275.35	43 665.99	75 730.69	627.86	647.49	0	609	30.30	71.70
中兴华会计师事务所	21	1 266.80	50 710.55	8 637.07	641.48	625.32	0	454	33.21	111.70
利安达会计师事务所	22	1 266.23	47 851.19	28 898.13	634.83	643.41	−12	514	40.79	93.10
江苏苏亚金诚会计师事务所	23	1 250.30	40 429.77	0.00	598.97	657.33	−6	249	68.99	162.37
众华会计师事务所	24	1 226.51	38 327.53	0.00	589.31	637.20	0	252	43.65	152.09
华普天健会计师事务所	25	1 211.11	34 324.03	16 028.74	573.54	637.57	0	344	35.79	99.78

（续表）

事务所名称	名次	综合评价得分	事务所本身业务收入	与事务所统一经营的其他执业机构业务收入	业务收入指标得分	综合评价其他指标得分	处罚和惩戒指标应减分值	参考项目		
			金额（单位：万元）	金额（单位：万元）				注册会计师人数（单位：人）	人均业务收入（单位：万元）	师均业务收入（单位：万元）
江苏公证天业会计师事务所	26	1 151.87	24 946.46	0.00	511.65	640.21	0	264	42.79	94.49
中勤万信会计师事务所	27	1 149.37	27 202.29	8 401.98	530.08	619.29	0	391	28.88	69.57
希格玛会计师事务所	28	1 147.67	24 410.07	203.48	507.80	639.87	0	258	33.76	94.61
亚太（集团）会计师事务所	29	1 138.78	26 718.57	8 983.83	527.08	626.71	−15	323	37.58	82.72
北京永拓会计师事务所	30	1 125.92	25 347.98	1 393.36	515.04	614.88	−4	362	36.21	70.02
广东正中珠江会计师事务所	31	1 110.06	22 292.42	4 784.16	493.24	616.82	0	253	33.83	88.11

（续表）

事务所名称	名次	综合评价得分	事务所本身业务收入	与事务所统一经营的其他执业机构业务收入	业务收入指标得分	综合评价其他指标得分	处罚和惩戒指标应减分值	参考项目		
			金额（单位：万元）	金额（单位：万元）				注册会计师人数（单位：人）	人均业务收入（单位：万元）	师均业务收入（单位：万元）
立信中联会计师事务所	32	1 096.71	20 163.11	0.00	473.16	623.56	0	240	45.11	84.01
北京中天恒会计师事务所	33	1 094.82	22 241.15	5 334.63	493.05	605.77	—4	219	25.51	101.56
北京中证天通会计师事务所	34	1 081.35	19 356.54	5 712.87	468.42	612.92	0	273	33.96	70.90
中准会计师事务所	35	1 074.68	18 253.87	4 876.39	457.57	617.11	0	366	23.11	49.87
四川华信（集团）会计师事务所	36	1 060.38	17 573.98	5 367.18	451.04	609.33	0	230	39.14	76.41
新联谊会计师事务所	37	1 048.95	16 604.43	856.51	438.51	610.44	0	173	25.66	95.98

（续表）

事务所名称	名次	综合评价得分	事务所本身业务收入	与事务所统一经营的其他执业机构业务收入	业务收入指标得分	综合评价其他指标得分	处罚和惩戒指标应减分值	参考项目		
			金额（单位：万元）	金额（单位：万元）				注册会计师人数（单位：人）	人均业务收入（单位：万元）	师均业务收入（单位：万元）
上会会计师事务所	38	1 038.06	15 687.33	91.44	427.82	610.24	0	244	24.90	64.29
中建华会计师事务所	39	1 027.68	17 449.00	111.39	447.07	586.61	−6	114	41.55	153.06
北京天圆全会计师事务所	40	1 016.86	15 111.74	1 625.47	421.97	594.89	0	288	26.37	52.47
中喜会计师事务所	41	1 008.39	14 605.21	3 793.42	417.17	591.22	0	275	34.04	53.11
福建华兴会计师事务所	42	1 002.59	12 179.03	498.42	382.36	620.23	0	213	30.15	57.18
北京兴中海会计师事务所	43	998.93	14 473.99	0.00	413.21	585.73	0	77	76.99	187.97
浙江天平会计师事务所	44	991.03	12 094.86	1 129.56	381.58	609.46	0	114	24.84	106.10

（续表）

事务所名称	名次	综合评价得分	事务所本身业务收入	与事务所统一经营的其他执业机构业务收入	业务收入指标得分	综合评价其他指标得分	处罚和惩戒指标应减分值	参考项目		
			金额（单位：万元）	金额（单位：万元）				注册会计师人数（单位：人）	人均业务收入（单位：万元）	师均业务收入（单位：万元）
天津倚天会计师事务所	45	956.73	10 276.19	409.35	351.62	605.11	0	143	31.43	71.86
山东和信会计师事务所	46	953.19	11 562.40	1 219.72	373.54	587.65	−8	203	21.73	56.96
北京中路华会计师事务所	47	943.78	9 289.49	3 236.87	336.13	607.65	0	226	20.51	41.10
重庆康华会计师事务所	48	943.22	10 138.04	0.00	348.82	594.40	0	77	47.15	131.66
天津中审联会计师事务所	49	928.54	10 182.35	352.94	349.92	578.62	0	157	23.68	64.86
北京大地会计师事务所	50	926.77	8 347.00	6 354.56	320.42	606.36	0	108	41.74	77.29
上海沪港金茂会计师事务所	51	920.69	7 030.04	26 118.48	313.42	607.27	0	83	39.06	84.70

（续表）

事务所名称	名次	综合评价得分	事务所本身业务收入	与事务所统一经营的其他执业机构业务收入	业务收入指标得分	综合评价其他指标得分	处罚和惩戒指标应减分值	参考项目		
			金额（单位：万元）	金额（单位：万元）				注册会计师人数（单位：人）	人均业务收入（单位：万元）	师均业务收入（单位：万元）
山东天元同泰会计师事务所	52	892.87	8 319.04	2 613.90	315.88	576.99	0	100	31.75	83.19
浙江至诚会计师事务所	53	891.61	7 360.40	367.97	291.37	600.24	0	80	23.67	92.00
中众益（广西）会计师事务所	54	882.38	7 006.51	4 598.75	287.84	594.54	0	97	41.46	72.23
青岛振青会计师事务所	55	876.86	7 744.71	0.00	300.12	576.74	0	115	28.47	67.35
四川中衡安信会计师事务所	56	875.53	8 017.33	3 832.80	310.65	564.88	0	116	31.44	69.11
新疆驰远天合会计师事务所	57	874.88	7 050.80	101.94	283.27	591.60	0	77	28.66	91.57

（续表）

事务所名称	名次	综合评价得分	事务所本身业务收入	与事务所统一经营的其他执业机构业务收入	业务收入指标得分	综合评价其他指标得分	处罚和惩戒指标应减分值	参考项目		
			金额（单位：万元）	金额（单位：万元）				注册会计师人数（单位：人）	人均业务收入（单位：万元）	师均业务收入（单位：万元）
北京红日会计师事务所	58	868.97	7 899.06	15 032.00	320.12	548.85	0	93	13.01	84.94
中一会计师事务所	59	868.56	6 229.73	816.28	261.94	606.62	0	151	18.11	41.26
宁夏天华会计师事务所	60	866.08	6 419.45	858.95	267.39	598.69	0	34	84.47	188.81
陕西鸿英会计师事务所	61	851.70	6 367.01	5 088.00	271.78	579.92	0	21	40.30	303.19
北京中光华会计师事务所	62	851.66	6 055.64	6 597.87	265.22	586.44	0	22	50.46	275.26
湖南建业会计师事务所	63	850.13	5 672.69	1 768.70	246.61	603.52	0	113	23.44	50.20
浙江同方会计师事务所	64	847.57	6 989.37	0.00	281.56	566.01	0	43	42.88	162.54

（续表）

事务所名称	名次	综合评价得分	事务所本身业务收入	与事务所统一经营的其他执业机构业务收入	业务收入指标得分	综合评价其他指标得分	处罚和惩戒指标应减分值	参考项目		
			金额（单位：万元）	金额（单位：万元）				注册会计师人数（单位：人）	人均业务收入（单位：万元）	师均业务收入（单位：万元）
江苏华星会计师事务所	65	846.52	6 033.48	772.77	256.12	590.40	0	32	35.70	188.55
恒信弘正会计师事务所	66	837.50	5 722.76	671.18	246.46	591.04	0	92	38.41	62.20
浙江南方会计师事务所	67	834.44	6 627.69	0.00	271.95	562.49	0	63	33.99	105.20
湖南天平正大会计师事务所	68	829.73	5 473.01	3 235.17	242.60	587.13	0	79	49.75	69.28
北京东审鼎立国际会计师事务所	69	829.00	6 048.55	3 021.00	259.88	569.12	0	66	43.51	91.64
湖南湘能卓信会计师事务所	70	825.97	5 063.64	4 080.47	230.42	595.55	0	44	58.20	115.08

（续表）

事务所名称	名次	综合评价得分	事务所本身业务收入	与事务所统一经营的其他执业机构业务收入	业务收入指标得分	综合评价其他指标得分	处罚和惩戒指标应减分值	参考项目		
			金额（单位：万元）	金额（单位：万元）				注册会计师人数（单位：人）	人均业务收入（单位：万元）	师均业务收入（单位：万元）
重庆凯弘会计师事务所	71	823.99	6 158.10	2 733.31	262.63	561.36	0	32	73.31	192.44
中审国际会计师事务所	72	818.26	5 888.91	2 599.16	254.53	563.74	0	75	36.81	78.52
祥浩会计师事务所	73	816.32	5 565.17	0.00	240.35	575.97	0	102	18.25	54.56
四川中砝会计师事务所	74	812.79	5 412.37	284.47	235.79	577.00	0	97	36.32	55.80
上海公信中南会计师事务所	75	810.55	6 231.76	4 185.82	266.79	543.76	0	71	36.44	87.77
江苏天宏华信会计师事务所	76	810.21	5 018.81	7 591.25	234.85	575.36	0	59	41.48	85.06

（续表）

事务所名称	名次	综合评价得分	事务所本身业务收入	与事务所统一经营的其他执业机构业务收入	业务收入指标得分	综合评价其他指标得分	处罚和惩戒指标应减分值	参考项目		
			金额（单位：万元）	金额（单位：万元）				注册会计师人数（单位：人）	人均业务收入（单位：万元）	师均业务收入（单位：万元）
浙江新华会计师事务所	77	806.77	4 777.77	0.00	212.77	594.00	0	62	26.25	77.06
北京中瑞诚会计师事务所	78	806.74	5 370.83	12 615.80	254.01	552.73	0	154	15.84	34.88
上海玛泽会计师事务所	79	793.30	5 467.21	0.00	237.14	556.15	0	22	43.74	248.51
苏州方本会计师事务所	80	791.45	4 101.07	629.60	186.53	604.92	0	74	21.58	55.42
广东中天粤会计师事务所	81	788.70	5 000.16	2 559.39	225.56	563.14	0	81	23.70	61.73
北京中平建华浩会计师事务所	82	786.90	5 486.54	4 305.90	244.74	542.16	0	111	23.45	49.43
新疆宏昌天圆会计师事务所	83	786.00	4 814.32	0.00	214.14	571.86	0	66	32.10	72.94

（续表）

事务所名称	名次	综合评价得分	事务所本身业务收入	与事务所统一经营的其他执业机构业务收入	业务收入指标得分	综合评价其他指标得分	处罚和惩戒指标应减分值	参考项目		
			金额（单位：万元）	金额（单位：万元）				注册会计师人数（单位：人）	人均业务收入（单位：万元）	师均业务收入（单位：万元）
无锡宝光会计师事务所	84	783.27	4 068.00	531.07	184.86	598.41	0	22	73.96	184.91
杭州富春会计师事务所	85	778.23	4 149.50	0.00	187.27	590.95	0	20	24.13	207.48
广东诚安信会计师事务所	86	775.11	4 034.45	2 833.95	188.43	586.68	0	48	31.77	84.05
浙江正健会计师事务所	87	771.54	4 379.51	2 531.35	202.18	569.36	0	23	38.08	190.41
无锡方盛会计师事务所	88	768.69	4 018.07	5 620.24	193.67	575.02	0	7	138.55	574.01
陕西益友会计师事务所	89	760.97	5 051.05	206.00	223.19	537.78	0	37	31.57	136.51
浙江中铭会计师事务所	90	758.81	4 023.97	308.41	182.41	576.41	0	29	37.61	138.76
浙江中兴会计师事务所	91	757.99	3 860.23	2 787.00	180.62	577.38	0	32	48.86	120.63

（续表）

事务所名称	名次	综合评价得分	事务所本身业务收入	与事务所统一经营的其他执业机构业务收入	业务收入指标得分	综合评价其他指标得分	处罚和惩戒指标应减分值	参考项目		
			金额（单位：万元）	金额（单位：万元）				注册会计师人数（单位：人）	人均业务收入（单位：万元）	师均业务收入（单位：万元）
浙江中瑞江南会计师事务所	92	757.91	4 200.33	2 967.05	195.75	562.16	0	41	38.18	102.45
云南永盛会计师事务所	93	755.65	4 780.22	0.00	212.86	542.80	0	71	28.80	67.33
江苏公勤会计师事务所	94	750.02	4 100.60	3 238.63	192.13	557.89	0	36	33.61	113.91
上海宏大东亚会计师事务所	95	747.45	4 991.27	1 773.74	223.86	523.59	0	114	22.48	43.78
重庆华西会计师事务所	96	746.42	4 198.82	0.00	189.41	557.01	0	31	52.49	135.45
江苏金陵会计师事务所	97	743.84	3 852.61	0.00	173.84	570.00	0	35	67.59	110.07
河北金诚会计师事务所	98	736.08	3 581.75	3 439.34	161.53	574.55	0	105	15.99	34.11

（续表）

事务所名称	名次	综合评价得分	事务所本身业务收入	与事务所统一经营的其他执业机构业务收入	业务收入指标得分	综合评价其他指标得分	处罚和惩戒指标应减分值	参考项目		
			金额（单位：万元）	金额（单位：万元）				注册会计师人数（单位：人）	人均业务收入（单位：万元）	师均业务收入（单位：万元）
江苏中兴会计师事务所	99	730.76	3 464.29	2 162.05	160.19	570.57	0	20	34.64	173.21
湖南友谊联合会计师事务所	100	729.68	3 802.37	5 087.57	183.00	546.68	0	64	32.50	59.41

注：

1. 综合评价得分＝业务收入指标得分 ＋综合评价其他指标得分－处罚和惩戒指标应减分值。

（1）业务收入指标得分＝[前百家候选事务所业务收入中位数＋前百家候选事务所业务收入中位数×（该事务所业务收入的自然对数－前百家候选事务所业务收入中位数的自然对数）]÷修正系数

（2）事务所业务收入＝该事务所本身业务收入＋与该事务所统一经营的其他执业机构业务收入×5％

（3）修正系数＝前百家候选事务所中业务收入最高者的业务收入得分（修正前）÷1 000

（4）业务收入指标得分和综合评价其他指标得分，满分均为 1 000 分

（5）处罚和惩戒指标应减分值＝Σ[刑事处罚、行政处罚和行业惩戒的次数（人数）×相关分值]

2. 事务所业务收入指标是指事务所每年上报中注协的、经过审计的上一年度事务所本身业务收入，以及与事务所统一经营的其他执业机构业务收入。

3. 综合评价其他指标是指综合评价表中除了业务收入指标、处罚和惩戒指标以外的指标，包括基本情况、内部治理、执业质量、人力资源、国际业务、信息技术、党群共建、社会责任、受奖励情况等。

4. 处罚和惩戒指标是指2013年度和2014年度，事务所及其注册会计师在执业中受到刑事处罚、行政处罚和行业惩戒。

5. 注册会计师人数是指截至 2014 年 12 月 31 日，会计师事务所在行业管理信息系统中登记的数据。

6. 人均业务收入＝会计师事务所本身业务收入÷会计师事务所全体员工数量。

7. 师均业务收入＝会计师事务所本身业务收入÷会计师事务所注册会计师数量。

附录三　注册会计师行业大事记（2014—2015年）

2014年

1月8日，中国注册会计师行业党委召开全国注册会计师行业诚信建设理论研讨会和行业党委（扩大）会，总结2013年行业党建工作，部署2014年行业党建工作和行业“人才队伍建设年”主题活动，交流研讨注册会计师行业诚信建设的实践和理论。

1月24日，中国注册会计师协会召开中国注册会计师审计信息系统发布会。

3月19日，财政部党的群众路线教育实践活动领导小组印发《关于在注册会计师行业开展第二批党的群众路线教育实践活动的指导意见》，对注册会计师行业开展第二批教育实践活动作出全面部署。

3月31日，中国注册会计师行业党委、中国注册会计师协会印发《关于注册会计师行业“人才队伍建设年”

主题活动的指导意见》,启动行业“人才队伍建设年”主题活动。

4 月 8 日,楼继伟部长主持召开部长办公会议,审议《注册会计师全国统一考试办法》修订草案,听取注册会计师行业党建工作汇报。

4 月 23 日,财政部发布中华人民共和国财政部令第 75 号——财政部关于修改《注册会计师全国统一考试办法》的决定。

4 月,由共青团中央、人力资源与社会保障部共同组织开展的 2012—2013 年度全国青年岗位能手标兵和全国青年岗位能手评选揭晓。中国注册会计师行业团委推荐参评的华普天健会计师事务所朱艳、毕马威华振会计师事务所薛晓琳、利安达会计师事务所徐宇清、浙江德威会计师事务所屠晓峰被授予“全国青年岗位能手”称号,这是注册会计师行业代表首次获得此项荣誉称号。

5 月 6 日,“中国注册会计师协会”微信公众订阅号开通。

5 月 19 日，中国注册会计师协会印发《注册会计师业务指导目录(2014 年)》。

5 月 30 日，中国注册会计师协会以“专业服务业发展与专业人才成长”为主题，在国家会议中心举行第三届“京交会”会计服务贸易板块活动。

6 月 26 日，中国注册会计师协会召开全国注册会计师行业信息化建设推进会(视频)。

7 月 14 ～15 日，中国注册会计师行业党委举办注册会计师行业代表人士培训班(第四期)。

8 月 22 日，中组部副部长陈向群在天健会计师事务所考察调研党建工作和党的群众路线教育实践活动开展情况。

8 月 31 日，中华人民共和国第十二届全国人民代表大会常务委员会第十次会议通过修改《中国人民共和国注册会计师法》等五部法律的决定。

9 月 17 ～29 日，中国注册会计师协会举办第四批注册会计师行业领军(后备)人才(金融审计方向)首期集中培训班。

10月13日,2014年海峡两岸及港澳地区会计师行业交流研讨会在澳门举办,研讨会以“职业精神与职业判断”为主题,来自两岸四地近500名会计师行业代表参加了本次研讨会。海峡两岸及港澳地区会计师行业组织联合制定的《注册会计师职业判断指南》,在会上发布。

11月1日,中国注册会计师协会印发《中国注册会计师职业道德守则问题解答》。

11月9~13日,中国代表团在意大利罗马出席第十九届世界会计师大会。大会主题为“2020年展望:汲取发展经验,创造美好未来”。

11月10日,中国注册会计师协会(CICPA)与加拿大特许专业会计师协会(CPA Canada)在意大利罗马签署合作备忘录。

11月25日,第四届全国非公有制经济人士优秀中国特色社会主义事业建设者表彰大会在北京举行。信永中和会计师事务所首席合伙人张克、广西中威华通会计师事务所董事长陈德斌等共计100名非公有制经济人士和其他新的社会阶层人士获得“优秀建设者”荣誉称号。这是继 2009 年众环海华会计师事务所首席合伙人石文先之后，注册会计师行业代表人士第二次获得此项殊荣。

12 月 9 日，中国注册会计师协会印发《高等学校财务报表审计指引》。

12 月 31 日，中国注册会计师协会印发《中国注册会计师审计准则问题解答第 7 号——会计分录测试》等 7 项审计准则问题解答。

中国注册会计师协会印发《商业银行审计指引》。

2015 年

1 月 23 日，中国注册会计师协会第五届理事会第六次会议在北京召开，会议的主要任务是学习贯彻党的十八届三中、四中全会以及中央经济工作会议、全国财政工作会议精神，分析行业当前面临的形势和机遇，听取和审议中注协 2014 年度工作报告，研究 2015 年行业工作。

3 月 16 日，中国注册会计师行业党委、中国注册会计师协会印发《注册会计师行业“国际化建设年”主题活动实施方案》,启动行业“国际化建设年”主题活动。

中国注册会计师协会印发《关于公布第二批资深会员名单的通知》。

3 月 26 日,中国注册会计师协会印发《中国注册会计师职业判断指南》。

4 月 21 日至 7 月 23 日,中国注册会计师行业党委举办中央党校中央国家机关分校财政部注册会计师行业党员骨干进修班(第六期)。

4 月 28 日,财政部党组听取中国注册会计师行业党建工作的汇报。

5 月 7 日,中国注册会计师协会召开行业信息化专家顾问组成立暨第一次工作会议。

5 月 27 日,中国注册会计师协会召开 2015 年第一次会长会。会议听取了中注协秘书处关于第五届理事会第六次会议以来行业工作的报告,重点研究了“四个全面”战略布局下注册会计师行业面临的形势和任务。

6 月 4 日,中国注册会计师协会召开行业热点专题报告会，就国际审计（报告）标准改革、政府采购“竞争性磋商”采购方式等专题进行讲解。

中国注册会计师协会召开“国际及区域会计职业组织任职代表工作会议”。

7 月 20～30 日，注册会计师行业领军人才（首批管理会计咨询方向）首期集中培训在北京国家会计学院举办。

7 月，中国注册会计师协会发布《中国注册会计师行业发展报告 2014》，这是注册会计师行业第一次发布行业发展报告。

8 月 17 日，中国注册会计师协会在深圳举办 2015 年度 CPA 专业方向师资培训班暨项目（Train The Trainer，TTT）10 周年纪念活动。

10 月 27～29 日，中国代表团赴韩国首尔出席第 19 届亚太会计师大会。大会主题为“引领世界，启迪未来”。

11 月 2 日，中国代表团在香港出席“海峡两岸及港澳地区会计师行业交流研讨会”，来自海峡两岸及港澳地区的400余名会计行业代表围绕“资讯科技新成果——会计行业的新挑战或是新机遇”进行了研讨。

12月17日，民政部印发《关于表彰全国先进社会组织的决定》(民发〔2015〕232号)，授予298个组织“全国先进社会组织”称号，中国注册会计师协会榜上有名。这是中国注册会计师协会继2010年荣获“全国先进社会组织”称号以来，再次获奖。

12月23日，中国注册会计师协会第五届理事会第七次会议在京召开。会议的主要任务是学习贯彻党的十八届三中、四中、五中全会以及中央经济工作会议精神，分析行业当前面临的形势和机遇，听取和审议中注协2015年度工作报告，研究2016年行业工作，就《中国注册会计师行业发展规划(2016—2020年)(讨论稿)》和《注册会计师行业信息化建设规划(2016—2020年)(讨论稿)》进行审议。

(执笔：常志安、杜晓锋)